MEYERS
NATUR
FÜHRER

Elbsandsteingebirge

MEYERS NATURFÜHRER

Baden-Württemberg

Bodensee-Oberschwaben

Eifel

Hunsrück

Nordschwarzwald

Nordwürttemberg

Odenwald

Pfälzerwald und Weinstraße

Schwäbische Alb

Südschwarzwald

Thüringer Wald und Schiefergebirge

Elbsandsteingebirge

Harz

Bayerischer Wald

Oberlausitz

MEYERS
NATUR
FÜHRER

Elbsandsteingebirge

Herausgegeben vom
Geographisch-Kartographischen Institut Meyer
unter Leitung von Dr. Adolf Hanle

MEYERS LEXIKONVERLAG
Mannheim/Leipzig/Wien/Zürich

Redaktion:
Dipl.-Geogr. Ellen Astor
Kartographische Bearbeitung:
Erika Bouchareb,
Jörg Radtke, Thomas Vogelmann

In Zusammenarbeit mit:
Prof. Dr. Joachim Leykauf, Halle
Dr. Manfred Salzmann, Weimar
Dr. Walter Steiner, Weimar
Dr. Gerd Villwock, Halle

Die Deutsche Bibliothek - CIP-Einheitsaufnahme
Elbsandsteingebirge/hrsg. vom Geographisch-Kartographischen Institut Meyer unter Leitung von Adolf Hanle. - Mannheim; Leipzig; Wien; Zürich: Meyers Lexikonverl., 1992 (Meyers Naturführer)
ISBN 3-411-07171-0
NE: Hanle, Adolf [Hrsg.]; Geographisch-Kartographisches Institut Meyer <Mannheim>

Satz: Kittelberger GmbH, Reutlingen
Druck und Bindung: westermann druck, Braunschweig
Printed in Germany
ISBN 3-411-07171-0

Vorwort

In der Reihe „Meyers Naturführer“ erscheint nunmehr der Band Elbsandsteingebirge. Nach der deutschen Wiedervereinigung tritt diese, zwischen Erzgebirge und Lausitzer Gebirge gelegene, beeindruckende Wanderregion verstärkt in den Mittelpunkt des touristischen Interesses. Die landschaftliche Vielgestaltigkeit dieses Raumes, geprägt durch reizvolle Talschaften und die alles überragenden Inselberge wie Königstein, Lilienstein oder Pfaffenstein schlagen uns immer wieder in ihren Bann.
Meyers Naturführer hat es sich zur Aufgabe gemacht die beeindruckenden Naturschönheiten dieses Landschaftsraumes wie Einzelfelsen, Felsgruppen, Höhlen, Schluchten und Täler in den Mittelpunkt seiner Betrachtungen zu stellen. Der Band Elbsandsteingebirge erfaßt 34 „Merkwürdigkeiten“ der Natur, beschreibt ihre Lage und Erreichbarkeit, gibt Auskunft über ihre Entstehung und erläutert den derzeitigen Zustand. Allen, die sich der Natur verbunden fühlen, wird somit ein Führer zur Hand gegeben, der an Einzelobjekten geologische Entwicklung und morphologische Gestaltungskraft für den Bereich des Elbsandsteingebirges beispielhaft aufzeigt. Die Verfasser der jeweiligen Objektbeschreibungen waren bemüht, die Sachverhalte in allgemeinverständlicher Form zu erläutern, ohne dabei die wissenschaftlichen Inhalte zu vernachlässigen. Dort, wo man auf Fachausdrücke nicht verzichten konnte, wurden sie durch entsprechende Zusätze erläutert oder im beigefügten Glossar erklärt. Im Glossar findet sich auch eine geologische Zeittafel, die die erdgeschichtliche Einordnung der Naturschönheiten ermöglicht. Die alphabetische Anordnung der Einzelobjekte sichert ihre schnelle Auffindbarkeit. Außerdem wurden die Objekte mit fortlaufenden Nummern gekennzeichnet, die sich in der Übersichtskarte im landeskundlichen Überblick wiederfinden. Diese Suchhilfe gewährleistet zusammen mit den Objektkarten und dem Register die Einordnung der jeweiligen Naturschönheit in den regionalen Zusammenhang. Dort, wo vertiefende Beschreibungen der Naturschönheiten existieren, wurden den Artikeln Literaturhinweise beigegeben. Außerdem finden sich am Ende des Bandes Hinweise auf weiterführende Literatur und sehenswerte naturgeschichtliche Museen.
Die Naturschönheiten wurden unter Berücksichtigung der Belange des Natur- und Landschaftsschutzes ausgewählt. Nicht jedes sehenswerte Objekt konnte aufgenommen und beschrieben werden, da eine Reihe von Objekten Brut- bzw. Wohnplätze geschützter Tierarten sind und diese auf keinen Fall

gestört werden dürfen. Andere Naturschönheiten mußten wegen ihrer außerordentlichen Trittempfindlichkeit außerhalb unserer Betrachtung bleiben. So hoffen wir auch auf Ihr Verständnis, wenn wir bei manchen Objekten Hinweise auf seltene Pflanzen vermieden haben, um deren Existenz nicht zu gefährden.

Mit diesem Buch erfüllen wir eine zweifache Verpflichtung. Einerseits helfen wir Ihnen, Ihre Freizeit aktiv zu gestalten, Naturschönheiten zu entdecken und so das Elbsandsteingebirge in neuem Licht zu sehen. Andererseits erbringen wir einen Beitrag im Sinne des Naturschutzes, indem wir in allen in Frage kommenden Fällen auf die Einhaltung der Naturschutzbestimmungen ausdrücklich hinweisen und so die Naturschönheiten Ihrer Obhut und Pflege anvertrauen.

Für die Beschreibung der Objekte konnte der Verlag hervorragende Kenner des bearbeiteten Landschaftsraumes gewinnen. Besonderen Dank gebührt Herrn Dr. H. Prescher für seine koordinierenden Arbeiten an diesem Band. Das umfassende Wissen der Autoren um die Naturschönheiten und deren Gefährdung, vor allem durch den Menschen, findet sich in den jeweiligen, vom Autor gekennzeichneten Artikeln wieder. Leider mußte die Redaktion, aus Gründen des Umfangs, verschiedentlich Textkürzungen in eigener Verantwortung vornehmen. Für die Textbearbeitungen und Objektbegehungen dankt der Verlag folgenden Autoren: Prof. Dr. H. Barthel (Ba), Dresden; Dr. D. Beeger (Be), Dresden; Dr. H. Prescher (Pr), Dresden; Dr. H. Rast (Ra), Leipzig und für den zoologischen Beitrag im landeskundlichen Teil Herrn Dr. R. Krause (Kr), Dresden.

Ebenso dankt der Verlag allen im Bildquellenverzeichnis genannten Einzelpersonen und Institutionen für die Bereitstellung des Bildmaterials sehr herzlich.

Mannheim, im März 1992 — Herausgeber und Bearbeiter

ELBSANDSTEINGEBIRGE
Landeskundlicher Überblick

Der Landschaftsname *Sächsische Schweiz* ist seit etwa 1800 für den sächsischen Anteil des sich in das benachbarte Böhmen fortsetzenden Elbsandsteingebirges üblich geworden. Vordem wurde diese naturräumliche Einheit als „Meißner Hochland" bezeichnet. So nannte man damals das Gebiet zwischen dem ehemals „Meißen" genannten Sachsen und Böhmen beiderseits der Elbe. Der Name Sächsische Schweiz bringt das romantische Naturempfinden im späten 18. und frühen 19. Jh. zum Ausdruck.
Die Sächsische Schweiz ist eine Mittelgebirgslandschaft, die durch ihre Unverwechselbarkeit geprägt wird. Die Vielfalt an Oberflächenformen wird bestimmt von kreidezeitlichen Sedimenten sowie der sich daran anschließenden landschaftsbildenden Prozesse im Tertiär und Pleistozän. Sie ist ein Teil der geologischen Einheit *Elbezone* und zeigt drei geologische Stockwerke: Grundgebirge, Tafeldeckgebirge und quartäre Ablagerungen. Am Nord- und Westrand sind Gesteine aus dem metamorphen Grundgebirge vertreten; variskische Tiefengesteine sind weit verbreitet. Der größte Teil wird von mehreren hundert Meter mächtigen Kreidesedimenten aufgebaut. Geringfügige Juraablagerungen entlang der Lausitzer Störung sind derzeit nicht aufgeschlossen. Die sächsischen Kreideablagerungen sind Teil der in die Tschechoslowakei hineinreichenden Mitteleuropäischen Oberkreide.
Auf im Untergrund verbreiteten Gesteinen mit Rotlehmverwitterung, die auf ein feuchtwarmes Klima hindeuten, bildeten sich Süßwasserablagerungen. Sie wurden durch den ehemaligen Uranerzbergbau bei Königstein erschlossen. Die Lagerstätte (ihre Fördertürme sind von der Festung Königstein gut sichtbar) bildet eine in Nordnordost-Richtung gestreckte erzführende Zone von 6 km Länge und 1 bis 2 km Breite. Die Vererzung ist vor allem an die cenomanen Schichten gebunden, die aus komplizierten Wechsellagerungen von Sand-, Schluff- und Tonsteinbänken bestehen.
Im Cenoman erfolgte im Rahmen der weltweiten Transgression eine Überflutung der Elbzone. Die daraus hervorgegangenen Ablagerungen sind im Untergrund überall verbreitet, treten aber nur im Bereich der Lausitzer Störung auf, wo sie durch den Untertageaufschluß im ehemaligen Kalkwerk Zeschnig erschlossen sind.
Das Turon ist in der Sächsischen Oberkreide in zwei große Faziesgebiete unterteilt. Im Dresdner Raum herrscht eine kalkig-tonige, die sog. *Pläner-Fazies* vor, während im Elbsandsteingebirge die sandige Ausbildung überwiegt.

Gliederung der Oberkreide

Stufe		Faziesübergangsgebiet von Pirna		Elbsandsteingebirge
Coniac				
Coniac			Sandsteinstufe e Schicht $\delta 2$	Rathewalder Schichten
Coniac		Tonmergel von Zatzschke	Sandsteinstufe d Schicht $\gamma 3$	Schrammstein-Schichten
Coniac		Herrenleite-Sandstein	Sandsteinstufe c 3	Schrammstein-Schichten
Turon	Ober-	Zeichner Tonbank	Sandsteinstufe c 2	Schrammstein-Schichten
Turon	Mittel-	Oberquader Oberer glaukonitisch-sandiger Mergel Mittlerer Grünsandstein	Sandsteinstufe c 1 Schicht β Sandsteinstufe b	Postelwitzer Schichten
Turon	Mittel-	Lamarcki-Pläner	Sandsteinstufe a 3 Sandsteinstufe a 2	Postelwitzer Schichten
Turon	Mittel-	Unterer Grünsandstein	Sandsteinstufe a 1	Postelwitzer Schichten
Turon	Unter-	Cottaer Bildhauersandstein	Labiatus-Sandstein	Schmilkaer Schichten
Turon	Unter-	Lohmgrundmergel	Ton	Schmilkaer Schichten
Cenoman	Ober-	Sandsteine (nur in Bohrungen)	Konglomerate	Zeschniger Schichten
Cenoman	Mittel-			
Cenoman	Unter-	Im Untergrund terrestrische uranführende Schichten		

(nach Prescher)

Beide Bereiche werden bei Pirna durch ein etwa 10 km breites Faziesübergangsgebiet verbunden, dessen bekanntestes Gestein der berühmte Bildhauersandstein von Cotta und Lohmgrund bildet.

Das Unter-Turon wird durch das Elbtal bei Schmilka und Königstein sowie durch das Bielatal angeschnitten. Diese *Schmilkaer Schichten* sind Sandsteine, die mehrere grobkörnige Lagen enthalten und dadurch – vor allem im oberen Bielatal – zu bizarren Felsbildungen führten. Das Mittel-Turon wird durch die rein sandigen *Postelwitzer Sandsteine* vertreten. Sie sind einfach gelagert und werden von zyklisch gegliederten Folgen gebildet, was man vor allem in den Weißen Brüchen bei Wehlen, aber auch in den Postelwitzer Steinbrüchen beobachten kann. Das Ober-Turon wird durch die *Schrammstein-Schichten* gebildet, die am Großen Winterberg, in Hinterhermsdorf, im Polenztal anstehen. Sie bilden auch die meisten Tafelberge und Felsreviere.

Die jüngsten Sedimente sind die *Rathewalder Schichten.* Sie gehören zum Coniac und sind nur bei Hohnstein und auf den höchsten Gipfeln der Tafelberge und Felsmassive der Hinteren Sächsischen Schweiz noch anstehend. Damit enden heute die Ablagerungen der Sächsischen Oberkreide. Kreidesandsteine wurden seit Jahrhunderten zu vielerlei Zwecken abgebaut, und

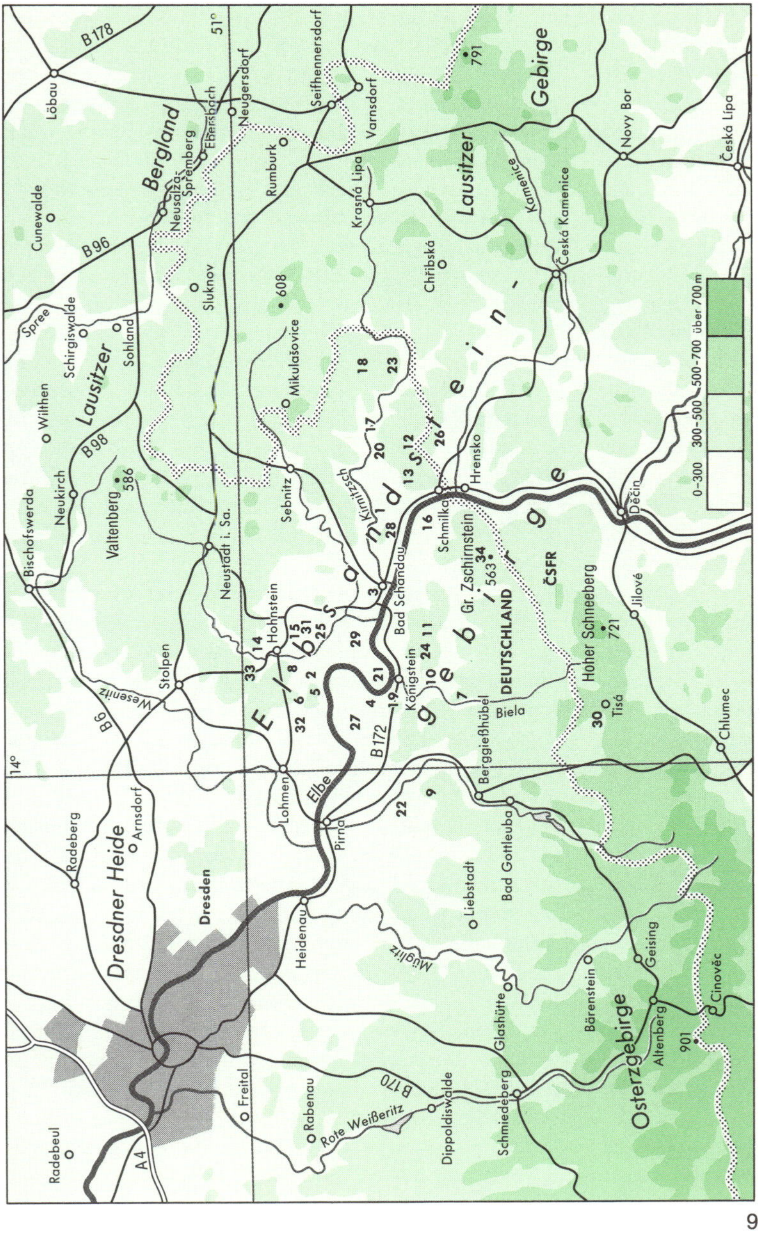
Löbau
B178
51°
Cunewalde
B96
Bergland
Neusalza-Spremberg
Ebersbach
Neugersdorf
Seifhennersdorf
Varnsdorf
Rumburk
Krasná Lípa
Lausitzer Gebirge
791
Nový Bor
Česká Lípa
Kamenice
Česká Kamenice
Chřibská
Sluknov
608
Mikulašovice
Spree
Schirgiswalde
Sohland
Lausitzer
Wilthen
B98
Neukirch
Bischofswerda
Valtenberg
586
Neustadt i. Sa.
Sebnitz
Kirnitzsch
Hohnstein
Bad Schandau
Schmilka
Hrensko
Gr. Zschirnstein
563
DEUTSCHLAND
ČSFR
Děčín
Hoher Schneeberg
721
Jílové
Tisá
Chlumec
Biela
Berggießhübel
Königstein
Elbsandsteingebirge
Stolpen
Wesenitz
B6
14°
Lohmen
Elbe
Pirna
B172
Radeberg
Dresdner Heide
Arnsdorf
Dresden
Heidenau
Liebstadt
Bad Gottleuba
Müglitz
Glashütte
Bärenstein
Geising
Cinovec
Altenberg
901
Osterzgebirge
Schmiedeberg
Dippoldiswalde
B170
Rote Weißeritz
Rabenau
Freital
Radebeul
A4
0–300
300–500
500–700
über 700 m

viele Bauwerke in und außerhalb Sachsens (in Meißen, Dresden aber auch in Berlin, Hamburg, Kopenhagen) zeugen von der Verwendungsvielfalt dieses Bausteines.
Schon in der Oberkreide setzten an der Lausitzer Störung im Norden der Sächsischen Schweiz tektonische Bewegungen in Form von Hebungen und Senkungen im Beckentiefsten ein. Krustenbewegungen am Ende der Kreidezeit hatten dann eine Anhebung des Lausitzer Granitmassives entlang der Lausitzer Störung mit einer Sprunghöhe bis zu 800 m zur Folge.
Jungvulkanische Gesteine sind in Schloten, Gängen und Decken vertreten. Diese Vulkanite sind nicht einheitlich in ihrer Zusammensetzung. So besteht der Zeughausgang am Roßsteig aus Olivin-Melilithit; das Eruptivgestein der einzigen, kleinen Edelsteinseife im Seufzergründel ist ein Tephrit. Der Tephrit des Cottaer Spitzberges besitzt ein Alter von ca. 25 Mill. Jahren, während der Basalt des Eisenhübels bei Schöna nur etwa 5 Mill. Jahre alt ist.
Im feuchtwarmen Klima des Jungtertiärs kam es zu tiefgreifenden Verwitterungsprozessen und intensiver flächenhafter Abtragung. Diese wurde am Ende des Tertiärs durch den Übergang zum gemäßigten Klima von linearen Erosionsvorgängen abgelöst. Es entstehen die für die Geomorphologie der Sächsischen Schweiz wichtigen vorzeitlichen Elbeläufe, deren ältester heute auf 240 m über Elbniveau liegt.
Im Quartär schnitt sich dann die Elbe in Etappen in die Sandsteintafel ein, bis sie zu Beginn der Elster-Eiszeit etwa 40 m über der heutigen Elbe ihr Bett hatte. In dieser Kaltzeit drangen die Gletscher des nordischen Inlandeises bis in die Gegend von Königstein – Bad Schandau – Hohnstein vor und lagerten vornehmlich Geschiebelehm und Schmelzwasserkiese und -sande ab. Junge tektonische Bewegungen fanden im Mittelpleistozän statt, sie haben das heutige Landschaftsbild mit geprägt. Aus dem Jungpleistozän stammt der Löß, der heute als Lößlehm oder Staublehm besonders die Ebenheiten bedeckt.
Durch die verschiedenen tektonischen Prozesse entstanden im Sandstein mehr oder weniger rechtwinklige Klüfte, die zu Leitbahnen der Verwitterung wurden. Aus Haarrissen bildeten sich nach und nach Risse, Spalten, Schlüchte, welche Einzelfelsen vom Massiv ablösten und die senkrechten Wände in charakteristische Formen auflösten. Bei der horizontalen Gliederung lassen sich großbankige, wandbildende und kleinbankige, hangbildende Schichten unterscheiden. Sie dienten zur petrostratigraphischen Gliederung des Elbsandsteins. Klüftung und Bankung ergeben eine charakteristische Quaderung des Elbsandsteins. Zwischen den Bänken liegen geringmächtige Tonhorizonte. Sie sind für Verwitterung und Abtragung bedeutungsvoll. Über ihnen staut sich das Sickerwasser im Sandstein und tritt an den Seitenwänden heraus. Das verdunstende Wasser scheidet Alaune und Gips aus, deren Kristallisationsdruck die Sandsteine zerstört. Es entstehen Löcher und eigentüm-

liche Wabenstrukturen. Entlang der Tonhorizonte wittern Schichtfugen aus, die sich zu Schichthöhlen und großen Felstoren (z. B. Kuhstall, Prebischtor) erweitern. Diese Felsterrassen lassen sich kilometerweit verfolgen. Sie wurden zur Gliederung der Sandsteine verwendet. – Die Ebenheiten bildeten sich in den kleinbankigen Schichten während längerer tektonischer Ruhepausen durch die Elbe. Sie waren in der Elster-Eiszeit vom Eis bedeckt.
Klimatisch weist die Sächsische Schweiz überwiegend colline bis hochcolline Züge auf. Der mittlere Jahresniederschlag schwankt zwischen 650 mm in der Vorderen und maximal 900 mm in der Hinteren Sächsischen Schweiz, die bereits im Staubereich des Oberlausitzer Berglandes liegt. Die niedrigsten Niederschlagsmengen empfängt das Elbtal. Das Jahresmittel der Lufttemperatur liegt entsprechend der geringen Höhenlage von 300 bis 500 m ü. d. M. bei 7,5° bis 8 °C. Zwischen den Ebenheiten und den engen Tälern und Schluchten der Felsgebiete bestehen jedoch ganz beachtliche reliefabhängige Unterschiede. Die Talsohlen und Unterhänge der engen Gründe und

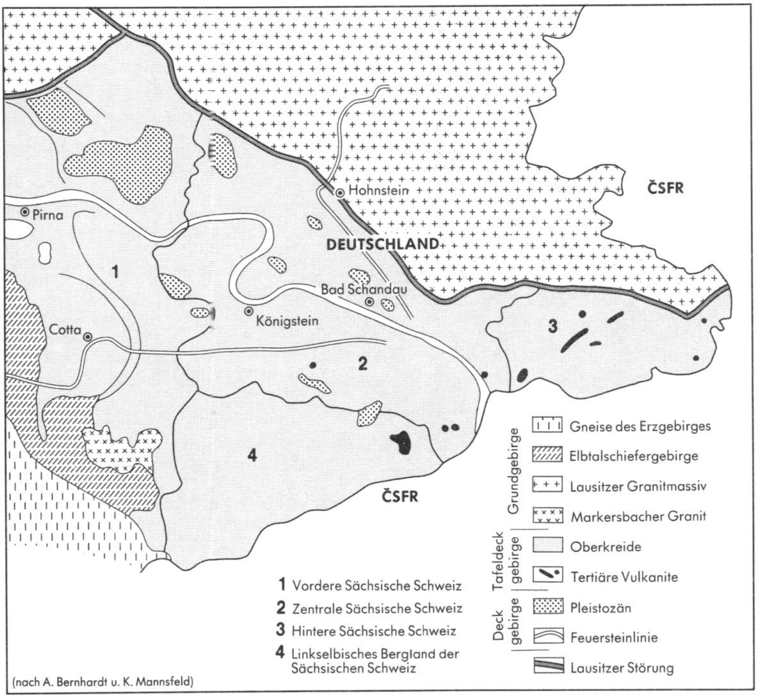

Geologische Gliederung des Elbsandsteingebirges

Schluchten erfahren eine verminderte Sonneneinstrahlung und es herrscht eine relativ hohe Luftfeuchte. Im Sommer haben sie ein kühleres und im Winter ein milderes Klima als vergleichbare Orte der Umgebung. Es wird als Kellerklima bezeichnet. Verändernd wirkt weiterhin die Wirkung der jeweiligen Hanglagen, so daß sich eine geländeklimatische Differenzierung in feucht-kühles Keller-, sehr trocken-warmes Sonnenhang- und gemäßigtes trocken-warmes Schatthangklima ergibt (↑auch Abb. S. 83). Dieser geomorphologischen und geländeklimatischen Gliederung auf engstem Raum folgt die Vegetationsunterscheidung, die sich in einer Umkehr der mitteleuropäischen Waldhöhenstufen äußert. Während außerhalb der zu zwei Drittel bewaldeten Sächsischen Schweiz der Trockenheit vertragende Birken-Kiefern-Heidewald in den Flachländern stockt und der Kühle und Feuchte liebende Fichtenwald in den höheren Lagen der Mittelgebirge, ist es hier gerade umgekehrt. In den Gründen und Schluchten stockt montaner Fichten- und submontaner Mischwald, in dem Bergahorn, Esche und vereinzelt auch Ulme und Linde mit bestandsbildend sind. Dazu gesellen sich Ausbildungsformen des Schluchtwaldes mit einer besonders großen Artenfülle in der Bodenflora. An den Oberhängen und den Felskuppen und -spornen in der Umrahmung der Täler und Gründe sowie auf den Plateaus der Steine wird infolge der vorherrschenden Flachgründigkeit des Bodens der Trockenheit vertragende Birken-Kiefern-Heidewald bestandsbildend. Auf den lößlehmbedeckten Ebenheiten und Randebenheiten stocken dagegen von Natur her Laubwaldgesellschaften des Flachlandes. Doch diese Laubmischwälder wichen nach Einführung der Forstwirtschaft in Sachsen zu Beginn des vorigen Jahrhunderts einförmigen Fichten- und Kiefernforsten. Darin liegt auch begründet, weshalb heute nur noch an verhältnismäßig wenigen Stellen trotz verstärkter Umstellung in der Bestandsbegründung Forsten vorhanden sind, die den standortgerechten Wald erkennen lassen.
Die Sächsische Schweiz ist außerordentlich reich an Farnen und Moosen. Von den 33 in Sachsen vorkommenden Farnarten sind allein 26 in der Sächsischen Schweiz beheimatet. Besonders häufig ist der anspruchslose Adlerfarn. Massenhaftes Auftreten ist an südexponierten sonnigen Oberhängen unter Kiefernbestockung zu beobachten, wo er mit seinen Wedeln vielfach Dickichte bildet, die einen ausgezeichneten Erosionsschutz darstellen. Der bis zu einem Meter hohe Frauenfarn dagegen liebt Schatten und feuchtkühles Kellerklima, weshalb er seine optimalen Wuchsbedingungen in den Gründen und Schluchten findet. Die Farne in ihrer Artenfülle und Verbreitungshäufigkeit sind so sehr Charakterpflanze der Sächsischen Schweiz, daß der Gebirgsverein für die Sächsische Schweiz den Farnwedel zum Vereinszeichen auserwählte. Eine Besonderheit der Felsengebiete ist das Vorkommen von Pflanzen, die als montane Elemente erst in den höheren Lagen der Mittelgebirge

beheimatet sind. Es sind Arten, die während der pleistozänen Kaltzeiten eingewandert sind und sich in dem kühlfeuchten Kellerklima der engen Schluchten bis in die Gegenwart gehalten haben. Dazu zählt u. a. der subarktisch-alpine Knotenfuß, der sonst in Sachsen nur noch im oberen Erzgebirge anzutreffen ist, und der Sumpfporst, der vorwiegend auf schmalen Schichtfugenleisten von Felsriffen seinen Standort hat und deshalb auch als sächsisches Edelweiß bezeichnet wird. Reich sind die Felsgebiete auch an Sporenpflanzen. Eine Besonderheit darunter ist das an schattig-feuchten Stellen, insbesondere in lichtschwachen Höhlen, wachsende Leuchtmoos mit seinen gelbgrünen Lichtreflexen.
Unter dem jagdbaren Wild – Rothirsch, Wildschwein, Reh und Hase sowie dem eingeführten Mufflon – ist vor allem das Gamswild zu erwähnen, das schon versuchsweise im vergangenen Jahrhundert ausgesetzt wurde, und dessen Einbürgerung später gelang. Zwar sind die Bestände auf sächsischer Seite zusammengebrochen, doch wenig südlich davon haben sich auf böhmischer Seite noch kleine Herden dieses nördlichsten Vorkommens der Gemse halten können. Die letzten Reste des Auerwildes sind leider in den 1970er Jahren ausgestorben, doch besteht die Hoffnung, daß es sich, zusammen mit der Gemse, künftig wieder ansiedelt. Uhu, Kolkrabe und Schwarzstorch sind bereits wieder Brutvögel, die Wiedereinbürgerungsversuche mit dem Wanderfalken schlugen jedoch bisher fehl. Von böhmischer Seite dringen immer wieder einzelne Luchse streifend in das Gebiet ein. Ein charakteristisches Tier der klaren Bergbäche mit Forellen und Groppen ist auch die Wasseramsel, die tauchend nach wirbellosen Wasserkleintieren jagt.
Zwei Besonderheiten aus der Gruppe der wirbellosen Tiere sollen noch erwähnt werden:
An den südwärts geneigten Rändern der Felsplateaus finden sich zumeist unter Heidekrautbüschen häufig die Kolonien der seltenen, in die Verwandtschaft der Vogelspinnen gehörenden Art Atypus affinis, die unterirdisch in schlauchartig ausgewebten Röhren lebt. Dagegen besiedelt der Schneckenkanker Ischyropsalis hellwigi (der, wie sein Name sagt, mit seinen scherenartigen Mundgliedmaßen auch kleine Schneckengehäuse knackt) kühle Schluchten und Bachtäler sowie Naßstandorte der Basaltberge.
Auf der Basis ihres unterschiedlichen naturräumlichen Bestandes läßt sich die ca. 380 km^2 große Sächsische Schweiz in vier Teilgebiete gliedern, die sich auch in ihrer kulturhistorischen Ausstattung voneinander unterscheiden.
In der *Vorderen Sächsischen Schweiz* bilden sanftgeneigte, größtenteils von Lößlehm bedeckte flachwellige Platten, die in Randnähe zum Elbtal und Gottleubatal stärker erosiv zerschnitten sind, das prägende Landschaftselement. Entsprechend ist hier die Landwirtschaft vorherrschend. Das Elbtal erhält ab Pirna seine cañonartige Formung. Im linkselbischen Teil, der von

der Gottleuba teilweise durchflossen wird, bilden die Krietzschwitzer Schichtstufe und westlich davon der Cottaer Spitzberg markante Reliefformen. Dieses Teilgebiet der Sächsischen Schweiz umfaßt annähernd 25% der Fläche. Den Kernbereich bildet mit 43% Flächenanteil die *Zentrale Sächsische Schweiz.* Das Elbtal mit seiner großen Schleife zwischen Rathmannsdorf und Stadt Wehlen teilt diesen touristisch attraktivsten Raum der Sächsischen Schweiz in einen stark mit Felsgebieten durchsetzten rechtselbischen Teil mit Randebenheiten entlang der Lausitzer Störung und einen linkselbischen Teil, dessen Reliefgestaltung vor allem durch die lößbedeckten Ebenheiten und die darauf aufsitzenden tafelbergartig geformten Steine gekennzeichnet wird. Ist rechtselbisch der Wald vorherrschend, so ist linkselbisch das von dörflichen Siedlungen durchsetzte Offenland bestimmend.
Die nach Osten zu sich anschließende *Hintere Sächsische Schweiz* umfaßt mit 12% das kleinste Teilgebiet. Es zeichnet sich durch eine vielgestaltige Reliefgliederung auf engstem Raum aus. Es ist nahezu siedlungsleer und bildet ein weitgehend geschlossenes Waldland, das von der Kirnitzsch entwässert wird.
Das *linkselbische Bergland* der Sächsischen Schweiz mit 20% Flächenanteil liegt in einer Höhe zwischen 400 und 560 m ü. d. M. Es stellt mit seiner sanften Abdachung in Richtung des Elbtales die ausklingende östliche Fortsetzung der Erzgebirgsnordabdachung dar. Die hier überwiegend vorherrschenden nährstoffarmen Verwitterungsböden des Sandsteins werden mit Ausnahme beiderseits des Bielatales weitgehend vom Wald bedeckt.
Die Sächsische Schweiz ist aufgrund ihrer in Mitteleuropa einmaligen geomorphologischen Gestaltung ein vielbesuchtes Touristengebiet und wird alljährlich von weit über einer Million Urlaubern besucht. Eine besondere Bedeutung hat diese Landschaft auch für den Klettersport. Die bekanntesten Klettergebiete liegen in den Felsrevieren der rechtselbischen Zentralen und der Hinteren Sächsischen Schweiz. Es gibt ca. 1060 Klettergipfel, die auf Wegen unterschiedlicher Schwierigkeitsgrade bezwungen werden können.
In den Felsengebieten der Sächsischen Schweiz haben sich aufgrund der besonderen geomorphologischen Bedingungen die naturbedingten Verhältnisse weitgehend bis in die Gegenwart erhalten. Der zunehmende Touristenverkehr ließ es allerdings angebracht erscheinen, die gesamte Sächsische Schweiz 1956 als Landschaftsschutzgebiet zu erklären, um die einmaligen landschaftlichen Schönheiten zu schützen und zu erhalten. Insgesamt fünf Naturschutzgebiete sowie ein System von zahlreichen Flächennaturdenkmalen mit einer Gesamtfläche von 2200 ha umfassen repräsentative Ausschnitte dieser in Europa einzigartigen Felslandschaft. Im Jahre 1990 erfolgte die Erklärung zum Nationalpark Sächsische Schweiz, bestehend aus zwei getrennten Teilen. Für die Zukunft ist geplant, der Sächsischen Schweiz in ihrer Gesamtheit den Status „Nationalparkregion" zu geben. *Ba, Kr, Pr*

Affensteine 1

Gemeinde: Bad Schandau
Landkreis: Pirna
nächste größere Städte: Pirna, Sebnitz
Erreichbarkeit: Autobahnausfahrt: Dresden-Altstadt (A 4), B 172 über Pirna nach Bad Schandau, auf der Landstraße durch das Kirnitzschtal bis zum Beuthenfall; Entfernung: rd. 40 km (Die Anfahrt von Bad Schandau zum letztgenannten Punkt ist auch mit der Kirnitzschtalbahn möglich)
Zugänglichkeit: auf markierten Wanderwegen frei zugänglich; Trittsicherheit erforderlich
Besichtigungsdauer: etwa 4 Stunden
Abbildung: S. 17

Das zwischen den ↑Schrammsteinen im Westen und der Erhebung des Kleinen Winterberges im Osten gelegene und nach dem Kirnitzschtal gerichtete Felsrevier trägt die Bezeichnung Affensteine. Sicher leitet sich der Name vom „Aul", dem ehemals hier heimischen Uhu ab. Hohe Sandsteinwandfluchten der Oberkreidestufen Turon und Coniac, die in interessanter Formenvielfalt zu Einzeltürmen und -nadeln aufgelöst sind, haben die Affensteine zu einem bevorzugten Wander- und Klettergebiet werden lassen. Ausgangspunkt ist der *Beuthenfall* im Kirnitzschtal, von wo die grüne Strichmarkierung anfangs dem Dietrichsgrund folgt, um später rechtshaltend über den hinteren Haideweg zur hier Königsweg genannten unteren Affensteinpromenade hinaufzuführen.

Von dieser folgt ein steiler Aufstieg zum *Frienstein* (Vorderes Raubschloß), 455 m ü. d. M. gelegen. Wo der Pfad in die Schlucht zwischen den hochaufstrebenden Sandsteinfelsen eintritt, fallen links am *Heidelbeerturm* kräftige Brauneisenimprägnationen im Gestein auf. Neben Brauneisenbändern mit unregelmäßigen und verschlungenen Ausbissen, die aufgrund ihrer größeren Witterungsbeständigkeit herausragen, handelt es sich insbesondere um zylindrisch geformte horizontale Brauneisenröhren. Diese Gebilde mit Durchmessern bis zu 15 cm halten alle eine Südwest-Nordwest-Richtung ein; die Vererzung hat nur die äußere Zone erfaßt, während der Sandsteinkern frei von Nadeleisenerz ist. Für die Entstehung der gerade in der Hinteren Sächsischen Schweiz häufigen Brauneisenvorkommen genügte der primär im Sandstein enthaltene Pyrit als Eisenlieferant wohl kaum, vielmehr ist an einen Zusammenhang mit dem tertiären Vulkanismus zu denken. Der Vorgang der Bildung der Brauneisenröhren ist ungeklärt.

Der Steilaufstieg mündet auf der Terrasse der Oberen Affensteinpromenade, die zwei grobbankige Sandsteinstufen als tonhaltige Zwischenschicht petrographisch und morphologisch trennt. Der Name Raubschloß für das freistehende Friensteinmassiv weist darauf hin, daß hier im 15. Jh. eine Signalwarte der böhmischen BERKEN VON DER DUBA existierte. Diese starteten von verschiedenen Felsen des Elbsandsteingebirges räuberische Unternehmungen. In die einstigen Wohn- und Befestigungsanlagen ließ sich auch die auf der Ostseite gelegene, *Idagrotte* genannte Schichtfugenhöhle einbeziehen. Sie entstand durch physikalische und chemische Verwitterungsprozesse über der bereits erwähnten wasserstauenden Tonzwischenschicht. Man erreicht die Höhle von der Nordseite des Friensteins, vorbei an den Kletterfelsen Friensteinwächter und Grottenwart, zuletzt auf schmalem Band mit Eisensicherungen.

Zur Oberen Affensteinpromenade zurückgekehrt steigt man in südlicher Richtung zum *Reitsteig* hinauf und gelangt bald zu einem Aussichtspunkt, von dem man über den Schmilkaer Kessel bis zum Hohen Schneeberg und den beiden Zschirnsteinen blickt. Im Vordergrund erheben sich die zwei *Fluchtwandgipfel* und die *Neue Wenzelwand.* Letztere ist durch eine auffällige Schrägschichtung gekennzeichnet, die Rückschlüsse auf Strömungsverhältnisse im Flachmeer der Oberkreidezeit erlaubt. Auf dem Reitsteig erfolgt der Weiterweg in westlicher Richtung bis zu einer Weggabelung, an der das

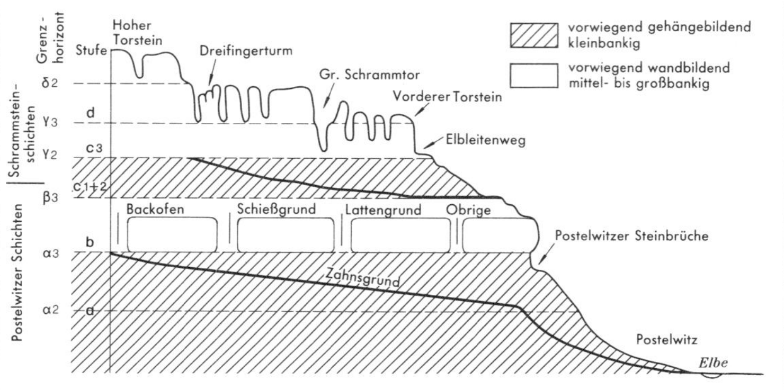

Geologisches Profil Affensteine – Schrammsteine

nächste Ziel, der 453 m ü. d. M. gelegene Aussichtspunkt des *Carolafelsens* ausgewiesen ist. Er gewährt Einblick in die Felsenwelt des *Großen Domes,* in dem sich der Doppelgipfel Domwächter – Rohnspitze markant heraushebt. Im Mittelgrund beherrschen Schrammsteine, Falkenstein und Hohe Liebe das Bild. Lilienstein, Basteiwände und die granitischen Höhen der Lausitz gehören zum Hintergrund. Am Hohen und Mittleren Torstein, den beiden nördlichsten Gipfeln der Schrammsteinkette, fällt eine Terrasse auf, die wiederum von der bekannten tonhaltigen Zwischenschicht verursacht wurde. Der Geologe FRIEDRICH LAMPRECHT benutzte in den Jahren 1927 bis 1934 solche Horizonte zur petrographisch-morphologischen Gliederung der fossilarmen sandigen Oberkreideschichten des Elbsandsteingebirges.

Als Abstiegsweg kann die auch *Wilde Hölle* genannte Schlucht des *Kleinen Bauernloches* benutzt werden. Sie soll Mittelndorfer Bauern in früheren Kriegszeiten als Zufluchtsort gedient haben. Im oberen Abschnitt treten an den Felswänden Quarzleisten hervor, die Ausdruck horizontaler Verschiebungen sind. Die Krustenbewegungen an der Lausitzer Störung am Ausgang der Kreidezeit verursachten auch in den höheren Sandsteinhorizonten Bewegungen geringen Ausmaßes. Der klammartige untere Abschnitt der Wilden Hölle erlaubt Vorstellungen über die Intensität von Abtragungsprozessen, die beispielsweise nach Starkniederschlägen wirksam werden können. Allenthalben sind die Spuren der chemischen und physikalischen Verwitterung mit Wabenbildungen und Salzausblühungen an den Sandsteinwänden sichtbar.

Unterhalb der Wandabstürze verfolgt man den Unteren Affensteinweg in östlicher Richtung. Zwischen *Rokokotürmen, Brosinnadel* und *Bloßstock* fallen dem aufmerksamen Beobachter braune Kluftflächen mit meist ostnordöstlichem bis östlichem Streichen auf. Es handelt sich dabei um Brauneisenschwarten genannte eisenoxidische Imprägnationszonen auf Klüften großbankiger Sandsteinbereiche. Über ihre Beschaffenheit und Mächtigkeit kann man sich vom Fuß der Nordwand des Bloßstockes einen Einblick verschaffen, wo sie durch ihre größere Wetterbeständigkeit plattenförmig ausgewittert sind. Auf markiertem Weg ist der Ausgangspunkt Beuthenfall in kurzer Zeit erreichbar.

Diese Wanderung verlangt neben Trittsicherheit auch Schwindelfreiheit. Ungeübte sollten sich auf die Untere Affensteinpromenade beschränken *Be*

Affensteine

Amselsee mit Lokomotive (im Hintergrund)

▽ Brauneisenverwitterung am Großen Winterberg

△ Elbtal bei Rathen

▷ Blick von der Bastei auf die Elbe

▽ Lausitzer Störung am Hochstein

△ Basteibrücke

▽ Karrenartige Verwitterung auf dem Gohrisch

Amselgrund mit Amselsee 2

Gemeinde: Rathen
Landkreis: Pirna
nächste größere Stadt: Pirna
Erreichbarkeit: Autobahnausfahrt: Dresden-Altstadt (A 4), B 172 bis Pirna, Abzweig nach Struppen/Rathen, Parkplatz Oberrathen an der Elbe; Entfernung: 40 km
Zugänglichkeit: frei zugänglich; liegt im Nationalpark Sächsische Schweiz und im Naturschutzgebiet „Bastei"; Wege dürfen nicht verlassen werden
Besichtigungsdauer: 3 bis 5 Stunden
Abbildung: S. 17

Vom Parkplatz aus setzt man mit der Fähre über die Elbe nach Niederrathen und wandert den Amselgrund aufwärts. Der annähernd Nordwest-Südost verlaufende Grund wird vom Grünbach durchflossen, der sein Hauptquellgebiet im Bereich der Granitrandhöhen der Lausitzer Störung bei Rathewalde hat. Er besitzt bis zur Mündung in die Elbe einen Gefällsunterschied von 137 m auf ca. 4 km Länge. Der im allgemeinen nur wenig Wasser führende Bach hat sich im Pleistozän bei bedeutend stärkerer Wasserführung in Abhängigkeit von der Erosionsbasis der Elbe stufenförmig in den Sandstein eingetieft.

Der untere Teil des Grundes wird vom *Rathener Felsenkessel* geprägt, dessen bizarre Felsbildungen ein eindrucksvolles Bild von der Zerstörung des einstigen kreidezeitlichen Sandsteinplateaus vermittelt. Eine Vielzahl von Schluchten und Gründen, die durch erosive Erweiterungen von tektonisch angelegten Klüften entstanden sind, gliedern sowohl das an der Westseite des Felsenkessels gelegene Basteimassiv als auch die im Norden gelegene Randebenheit von Rathewalde und das durch Denudation (flächenhafte Abtragung) bereits stärker erniedrigte Gebiet im Osten zwischen Amselgrund und ↑Polenztal. Die engen Schluchten münden vielfach in größere, meist durch Felsstürze erweiterte Gründe, die sich zum kesselartig geformten Amselgrund hin öffnen. Zahlreiche Einzelfelsen und Felsgruppen sind vom ehemaligen Sandsteinplateau bereits herausgelöst und bilden isolierte Felsmassive. Die auffallendsten sind die *Große* und *Kleine Gans* im Westen des Amselgrundes sowie der *Honigsteinzug* mit den aufsitzenden Felsen *Lamm, Lokomotive, Bienenkorb* und *Storchennest* im Osten des Grundes. An die Honigsteine schließen sich rechts die *Feldsteine* mit dem *Türkenkopf* an. Inmitten des Talgrundes erhebt sich majestätisch der 241 m hohe *Talwächter*, der von einer Schichthöhle durchbrochen wird. Die Einzelfelsen werden auch gegenwärtig stark von Verwitterungsprozessen erfaßt. Dabei spielen Felsstürze die größte Rolle. So brach beispielsweise am 13. April 1948 an der Talseite der Kleinen Gans der bis dahin als Kletterfelsen oft bestiegene Obere Ganskopf ab und stürzte in eine Schlucht.

Das Felsenpanorama im unteren Teil des Amselgrundes bildet die Kulisse für den *Amselsee*, den die Gemeinde Rathen kurz oberhalb des von rechts einmündenden Wehlgrundes, der mit seinen wandbildenden Felspartien im oberen Teil und dem stark gegliederten Talschluß die Kulisse für die Felsenbühne Rathen darstellt, anlegen ließ. Der Amselsee liegt in 127 m ü. d. M. und wird im Sommer für Bootsfahrten genutzt. Zugleich dient er als Hochwasserschutzanlage für Niederrathen. Oberhalb des Sees verfügt der Amselgrund über mehrere Gefällestufen. Die größte befindet sich am *Amselfall.* An dieser Stelle ist eine Einsturzhöhle von 2 m Breite, 4 m Höhe und 15 m Länge ausgebildet, die nach oben von Trümmerblökken begrenzt wird. Am Boden und an den Felswänden dieser Höhle sind Strudeltöpfe und Auskolkungen zu sehen. Im Bachbett innerhalb der Höhle liegen größere Geschiebe, besonders Quarzite und Granite. Oberhalb der höhlenbildenden Gesteinsstufe versperren große, abgestürzte Sandsteinblöcke vielfach das Bachbett, so daß das Wasser des Grünbaches seitlich einen Weg suchen muß. Der Wasserfall an dieser Gefällestufe wird künstlich durch Aufstauen eines Teiles des zuflie-

ßenden Grünbachwassers erzeugt. Die wildromantisch anmutende Umgebung des Amselfalles mit seiner Höhle war eines der Vorbilder für die Wolfsschluchtszene in WEBERS „Freischütz". Die älteste Erwähnung der auch als „Amselloch" bezeichneten Einsturzhöhle stammt aus dem Jahre 1548.
Der Amselgrund ist in der Vergangenheit wiederholt von Hochwasserkatastrophen heimgesucht worden. So ergossen sich die Wassermassen eines auf der Rathewalder Randebenheit im Mai 1906 niedergegangenen Wolkenbruches durch den Grund und rissen am Amselfall alle künstlichen Bauten und Anlagen hinweg. Ähnliches ereignete sich am 5. Juli 1958, als zwischen Rathewalde und Uttewalde ein ähnlich katastrophaler Wolkenbruch niederging. Dabei wurde u. a. ein großer Teil des Wanderweges durch den Amselgrund zerstört und der Amselsee am Einlauf des Grünbaches auf einer beträchtlichen Strecke mit Erosionsschutt aufgefüllt, so daß danach umfangreiche Räumungsarbeiten notwendig waren.
Kurz unterhalb des Amselfalles befindet sich der Aufstieg über die *Schwedenlöcher* zur Bastei. Der Name erinnert an den Dreißigjährigen Krieg, als die Bewohner der Umgebung sich und ihr Hab und Gut vor den brandschatzenden Schweden in Sicherheit brachten. Auf über 700 Stufen und zwei Eisenleitern steigt man rund 160 m aufwärts, ehe die Basteihochfläche erreicht wird. Der Steg führt anfangs über eine blockreiche Fußhalde, dann durch enge Felsengassen mit z. T. tunnelartigem Charakter und durch kleine Felskessel. Der Abstieg von der Bastei nach Rathen erfolgt über den Basteiweg (↑auch Basteigebiet). *Ba*

Bad Schandau 3

Gemeinde: Bad Schandau
Landkreis: Pirna
nächste größere Städte: Pirna, Sebnitz
Erreichbarkeit: Autobahnausfahrt: Dresden-Altstadt (A 4), B 172 über Pirna und Königstein nach Bad Schandau; Entfernung: 49 km
Zugänglichkeit: frei zugänglich
Besichtigungsdauer: 2 Stunden

Der Ort Schandau entstand im 15. Jh., als sich Schiffer auf dem Anschwemmungskegel der Kirnitzsch an der Elbe ansiedelten. Die Stadt ist heute Ausgangsort für viele erlebnisreiche Wanderungen in das rechtselbische Gebiet des Nationalparkes Sächsische Schweiz und auch in das linkselbische Elbsandsteingebirge. Bad Schandau ist auch Grenz- und Zollbahnhof zur ČSFR. Die Entwicklung des Städtchens erhielt einen Anstoß, als 1730 die Heilkraft einer Quelle erkannt wurde. Nach zaghaften Anfängen wurde Schandau in den ersten Jahrzehnten des 19. Jh. gern aufgesucht. Der Freiheitsdichter THEODOR KÖRNER, der 1806 hier zur Kur weilte, nannte den Ort einen „Kraft- und Prachtplatz der Natur". Aber der Besuch ließ doch zu wünschen übrig. Im Jahre 1880 ging der Kurbetrieb in städtischen Besitz über und wurde ausgebaut; 1920 erhielt die Stadt die amtliche Bezeichnung Bad Schandau. Man faßte 1921/22 die Quelle neu und erneuerte die Wandelhalle. Schließlich wurde das Bad 1936 in eine Kneipp-Kuranstalt mit allen dazu notwendigen Behandlungsräumen umgewandelt. Es ist der älteste Kneipp-Kurort Sachsens, schon zu Lebzeiten SEBASTIAN KNEIPPS bestand hier eine Kuranstalt im Sinne seiner Heilweise. Im Jahre 1954 wurde das Wasser der Quelle balneologisch analysiert und festgestellt, daß es kein Mineralwasser ist, sondern eine einfache kalte Quelle mit nicht uninteressanten Nebenerscheinungen.
Das Heimatmuseum in der Bad-Allee 10 wurde 1940 eröffnet. Auf einer Fläche von 250 m² werden die Geologie, Biologie und Steinbruchindustrie der Umgebung Schandaus sowie die Entwicklung der Stadt und des Bergsteigens dargestellt. Führungen und Vorschläge für Wanderrouten und Tips zur Freizeitgestaltung werden unterbreitet. Vor dem Museum steht seit 1959 ein 2,5 t schwerer Quarzitblock. Er stammt aus den Ablagerungen

eines alten Elbelaufes 120 m über der heutigen Elbe und wurde bei Rathmannsdorf gefunden.
An der Endhaltestelle der Kirnitzschtalbahn steht der *Eiszeitmarkierungsstein.* Die *Feuersteinlinie* bezeichnet die Südgrenze der nordischen Geschiebe und gilt als Beweis für das weiteste Vordringen des nordischen Eises nach Süden während der Elster-Kaltzeit. Der Stein wurde 1975 an mehreren Orten, so in Oybin und hier, aus Anlaß der 100. Wiederkehr der allgemeinen Anerkennung der durch den schwedischen Geologen TORELL begründeten Inlandeistheorie, aufgestellt. Auf einem fast zwei Meter hohen Granodioritquader ist eine Bronzetafel angebracht, auf der die Feuersteinlinie eingezeichnet ist. Diese originelle Popularisierung eines geologischen Prozesses findet bei der Bevölkerung viel Anklang.
Der Pflanzengarten an der Ostrauer Brükke wurde 1909 vom damaligen „Gebirgsverein für die sächsische Schweiz" angelegt. Auf rund 3000 m^2 Fläche beherbergt er rund 1500 Pflanzenarten aus den natürlichen Pflanzengesellschaften Mitteleuropas in terrassenförmigem Aufbau. Besonders werden die geschützten Pflanzen des Elbsandsteingebirges, die Reliktpflanzen der Eiszeit und Arzneipflanzen gezeigt. Darüber hinaus besitzt der Garten eine reiche Sammlung von Rhododendren. *Pr*

Bärensteine mit Götzingerhöhle 4

Gemeinde: Thürmsdorf
Landkreis: Pirna
nächste größere Stadt: Pirna
Erreichbarkeit: Autobahnausfahrt: Dresden-Altstadt (A 4), über die B 172 bis Pirna, Landstraße bis Thürmsdorf; begrenzte Abstellmöglichkeiten für Pkw auch unterhalb des Kleinen Bärensteins an der Straße Thürmsdorf-Rathen; Entfernung: 34 km
Zugänglichkeit: frei zugänglich
Besichtigungsdauer: halber Tag

Der Kleine und der Große Bärenstein erheben sich mit ihren bewaldeten Fußhängen und den stark zerklüfteten Felskronen über die „Ebenheit" von Thürmsdorf-Naundorf-Weißig, um die herum die Elbe in einer ausgedehnten, nach Nordosten gerichteten Schleife ein tiefes cañonartiges Tal eingeschnitten hat.
Die Herausmodellierung der Bärensteine und des nordöstlich von ihnen befindlichen ↑Rauensteines aus einer ursprünglich zusammenhängenden ausgedehnten Sandsteintafel und die damit verbundene Ausräumung trennender Täler erfolgte im wesentlichen im späten Tertiär und frühen Pleistozän, als die Elbe noch in Höhe der Ebenheiten floß. Ihr gegenwärtiges Tal begann sie vermutlich erst vor Beginn der Elster-Kaltzeit (in der sog. Cromer-Warmzeit) einzuschneiden, wobei die weit ausholenden Talmäander bereits vorgezeichnet waren.
Obwohl zur großen Familie der „Steine" des mittleren Elbsandsteingebirges gehörig, zeigen die Bärensteine nicht die für diese typische Tafelbergform wie z. B. der ↑Lilienstein, sondern erweisen sich als stark geklüftete und auch tektonisch gestörte Felsmassive. Im Gegensatz zu der in weiten Teilen des Elbsandsteingebirges vorherrschenden, steil stehenden und sich vorwiegend rechtwinklig schneidenden „Normalklüftung", die unter Einbeziehung flachliegender Schichtfugen eine quaderförmige Absonderung des Elbsandsteins verursacht, beobachtet man an den Bärensteinen eine stark zerrüttete mittlere, annähernd Nord-Süd verlaufende Zone mit schräger Klüftung, die ganz erheblich von dem sonst gewohnten Kluftbild abweicht. Harnische (Gleitflächen) und Rutschstriemen auf Felsflächen zeigen, daß sich an solchen Klüften Bewegungen abgespielt haben. Besonders eindrucksvoll sind solche Klüfte unmittelbar westlich des Gipfels des Großen Bärensteines zu sehen. Solche Schrägklüfte fördern die Auslösung von Felsstürzen wie 1904 an der dem Trockental zwischen beiden Bärensteinen zugewandten Südseite des Großen Bärensteines, wobei eine dreijährige Kiefernschonung in breiter

Front vernichtet wurde, oder 1921 an der ebenfalls diesem Tal zugewandten Seite des Kleinen Bärensteines. Mächtige Trümmerblöcke dieser und früherer Felsstürze bedecken die Fußhänge der Felsberge.
Obwohl der Kleine Bärenstein an Ausdehnung hinter dem Großen Bärenstein zurücksteht, überragt er mit 338 m Höhe diesen noch um 9 m, ist leichter zu besteigen, weist interessantere Aufstiege auf und schließlich bieten sich von seinem Gipfelbereich, wo sich Mauerreste einer noch in der ersten Hälfte unseres Jahrhunderts betriebenen Bergwirtschaft finden, günstigere Fernsichten. Man besteigt den Kleinen Bärenstein, der zwischen 1851 und 1881 durch den Naundorfer Förster WILHELM MAHN touristisch erschlossen wurde, am besten von der Nordseite. Von der Bushaltestelle Thürmsdorf-Ortsmitte führt neben dem Cafe Reiche ein markierter Weg (roter Punkt, Wegweiser) in nördlicher Richtung. Nach 10 Minuten wird die Straße Thürmsdorf-Rathen erreicht, auf ihr geht man 200 m nach rechts, wo dann links der bezeichnete Aufstieg „Götzingerhöhle – Kleiner Bärenstein“ abzweigt. Auf dem Fußhang (Sandsteinstufen c 1/2, Mittelturon) aufwärts steigend erreicht man nach wenigen Minuten am Fuße der Felskrone die *Götzingerhöhle*, auch Diebshöhle. Es ist eine Einsturzhöhle, bei der sich ein mächtiger Felsblock schräg an die Felswand lehnt. Sie ist nach dem in Struppen geborenen und später als Pastor in Neustadt bei Stolpen wirkenden WILHELM LEBERECHT GÖTZINGER (1758–1818) benannt, der mit seinen heute noch mit Genuß zu lesenden Reisebüchern die Naturschönheiten der Sächsischen Schweiz beschrieb und wesentlich zu ihrer touristischen Erschließung beitrug. In früheren Kriegs- und Notzeiten soll die Höhle als Notstall der Thürmsdorfer Schäferei gedient haben. Ein großer abgestürzter Block links vor der Höhle zeigt eindrucksvolle Wabenverwitterungsstrukturen in braungefärbtem eisenschüssigem Sandstein. Noch weiter links erinnert ein in den Felsen gehauenes Kreuz an den „Jungfernsprung“, wo sich der Überlieferung nach eine von Marodeuren aus dem Heer des schwedischen Generals Banér verfolgte Jungfrau von dem Felsen gestürzt haben soll. Der Pfad führt durch die Götzingerhöhle hindurch und am Fuße der Felswände der Stufe c 3 (Oberturon) entlang, die tiefe Schichtauswitterungen aufweisen. Sie werden bald nach links in einer Schlucht durchstiegen. Am oberen Ende führt der Pfad nach rechts bis an die steil aufsteigenden, stark zerklüfteten Felsen der Stufe d (Oberturon) heran, durch die man auf Stufen schließlich den Gipfel erreicht. Von einzelnen Felsplatten bieten sich gute Ausblicke. In nördlicher Richtung hat man den Großen Bärenstein unmittelbar vor sich, dessen mittlere Schrägkluftzone deutlich erkennbar ist. Rechts von ihm, etwas weiter entfernt, ist der Rauenstein mit dem Nonnenstein zu sehen. Dahinter erstreckt sich jenseits des nicht einsehbaren Elbtales das Basteimassiv mit den hellen Wänden der „Weißen Brüche“. Die sich höher heraushebenden flacheren Berge im Hintergrund, wie Waitzdorfer Berg, Gickelsberg und Tanzplan, gehören schon dem Lausitzer Granitgebiet an. In östlicher Richtung schweift der Blick über die Ebenheit bei Weißig und die Schulhainer Steinbrüche am rechten Hang des Elbtales zu dem nahen, mächtigen Tafelberg des Liliensteines. Links von ihm erblickt man in der Ferne die Schrammsteine und das bewaldete Felsenlabyrinth der Hinteren Sächsischen Schweiz, überragt vom breiten Rükken des Großen Winterberges, noch weiter dahinter die Kegel der böhmischen Basaltberge. Rechts vom Lilienstein aber erheben sich über ausgedehnten Ebenheiten die freistehenden Steine des mittleren Elbsandsteingebirges, ganz nahe die mauerumgürtete Festung Königstein, zwischen ihr und dem Lilienstein der Pfaffenstein und in mehreren Kulissen hintereinander Papststein, Gohrisch und Kleinhennersdorfer Stein, Kohlbornstein und Lasensteine, die kleinen Restberge Kaiserkrone und Zirkelstein und der Große und Kleine Zschirnstein. Weit im Hintergrund, schon auf böhmischem Gebiet, er-

hebt sich der breite Rücken des Hohen Schneeberges (DgeinskmSngrník), der mit 721 m ü. d. M. höchsten Erhebung des Elbsandsteingebirges.

Will man zum Abstieg in Richtung Thürmsdorf nicht den gleichen („bequemen“) Weg wählen, bietet sich am Fuße der d-Felsen die nach links durch eine Kluft abzweigende Variante durch das *Schneiderloch.* Der Weg ist nicht bezeichnet und durch die teilweise defekte Stufenanlage etwas beschwerlich. Ein weiterer, durch Wegweiser gut bezeichneter, vom Rückweg abzweigender Abstieg führt nach Naundorf. Diesen benutzt man auch, wenn man die Absicht hat, den Großen Bärenstein aufzusuchen. Um dorthin zu gelangen, folgt man an den ersten Häusern von Naundorf einem durch Wegweiser bezeichneten Weg nach rechts, der in das Trockental zwischen den beiden Bärensteinen führt. Von ihm zweigt etwa nach 200 m der Aufstiegspfad zum Großen Bärenstein ab. Jedoch kann, wenn keine besonderen Interessen vorliegen, eine Besteigung des Großen Bärensteins nicht unbedingt empfohlen werden. Der Aufstiegspfad wird zunehmend schlechter, ist leicht zu verfehlen und weist einige beschwerliche Durchsteigungen von Schluchten auf. Besonders nachteilig aber ist, daß die Bewaldung des Berges keinerlei gute Ausblicke gewährt.

Wenn jedoch nach einem Besuch des Kleinen Bärensteins noch genügend Zeit und Kraft vorhanden sind, wäre eher ein damit zu verbindender Besuch des ↑Rauensteines zu empfehlen. *Ra*

Basteigebiet 5

Gemeinde: Lohmen
Landkreis: Sebnitz
nächste größere Stadt: Pirna
Erreichbarkeit: Autobahnausfahrt: Dresden-Altstadt (A 4), B 172 bis Pirna, Abzweig Stolpen/Hohnstein über Lohmen zur Bastei, Parkplatz Basteistraße, Entfernung: ca. 35 km
Zugänglichkeit: frei zugänglich; Naturschutzgebiet „Bastei“ im Nationalpark Sächsische Schweiz, Wege dürfen nicht verlassen werden
Besichtigungsdauer: 2 bis 3 Stunden und länger
Abbildungen: S. 18, 19 und 20

Das Basteigebiet gehört mit zu jenen Räumen der Sächsischen Schweiz, die vom Tourismus am stärksten frequentiert werden. Es umfaßt die an die Rathewalder Randebenheit anschließende, im Süden steil zum Elbtal abfallende Basteihochfläche sowie die im Osten und Westen angrenzenden Felsgebiete mit ihren tiefen Schluchten, kesselartig erweiterten Talgründen und den aufgelösten Felsgruppen und Einzelfelsen. Das Basteigebiet gilt neben den Schrammsteinen als die großartigste Felsregion der Sächsischen Schweiz und als hervorragendes Demonstrationsgebiet für Verwitterungs- und Abtragungsformen im Sandstein, für die besonders die zahlreichen tiefeingeschnittenen Schluchten und Gründe reichlich Studienobjekte bereithalten. Eine gleiche Vielfalt an Erscheinungsformen bietet die Pflanzenwelt, die vom laubholzreichen Schlucht- und natürlichen Fichtenwald in den feucht-kühlen Gründen über Laubmischwald in den höheren Lagen bis zum Kiefern-Birken-Wald auf den trockenen Felsstandorten reicht. Hinzu kommt der außerordentliche Reichtum an Farnen, Moosen und Flechten sowie die Fülle an Hochstauden, wobei dem Waldgeißbart eine besondere Rolle zukommt. Sowohl die Vielfalt als auch die Einmaligkeit der natürlichen Ausstattung dieses Gebietes waren Anlaß, das „Basteigebiet“ mit ca. 785 ha bereits 1938 unter Naturschutz zu stellen. Die rasche Entwicklung des Tourismus in den letzten Jahrzehnten machte es 1985 erforderlich, ein größeres Areal nördlich der Honigsteine zum Totalreservat zu erklären, das von Touristen nicht mehr aufgesucht werden darf. Auch sind einige frühere Wanderwege gesperrt worden (auf der Wanderkarte Gebiet Rathen/Hohnstein als „gesperrte Wege“ ausgewiesen).

Hauptanziehungspunkt für alle Besucher stellt der Basteiaussichtsfelsen in 305 m

ü. d. M. dar, der einen großartigen Überblick über die attraktivsten Teile der Sächsischen Schweiz vermittelt. Die Basteiwände fallen 190 m fast senkrecht zur Elbe ab, lediglich unterbrochen durch schmale Gesteinssimse, die durch petrographische Unterschiede im Sandstein entstanden sind. Der bekannteste von ihnen ist die unterhalb des Aussichtsfelsens der Bastei hinziehende *Rahmhanke*, benannt nach zwei Bergsteigern mit Namen RAHM und HANKE. Die Elbe schwingt in einem großen Bogen um den Lilienstein und hat bei Rathen einen sehr schön geformten Prall- und Gleithang geschaffen. Auf der relativ breit ausgebildeten Niederterrasse des Gleithanges liegt Oberrathen. Sie ermöglicht außerhalb der bebauten Fläche eine bescheidene landwirtschaftliche Nutzung. Auch die Eisenbahnanlagen der Strecke Dresden-Prag haben dort ohne Kunstbauten noch Platz gefunden.
Über dem Elbtal breiten sich die flachwelligen, nach dem Elbtal zu durch Täler und Dellen unterschiedlich stark zerschnittenen Ebenheiten aus, die nach Südosten zu allmählich ansteigen. Darauf erheben sich die Denudationsreste der tafelbergartig geformten Steine mit ihren charakteristischen, von blockreichem Schutt überdeckten Fußhalden. Besonders ins Blickfeld treten Lilienstein, Pfaffenstein und Königstein. Der Bastei gegenüber erheben sich auf der Ebenheit Weißig-Naundorf-Struppen die Rauensteine und der einzeln stehende Nonnenstein sowie der Große und Kleine Bärenstein. Die im Hintergrund sichtbare Landschaft des Erzgebirges läßt typische Mittelgebirgsformen auf Grundgestein erkennen. Die markantesten Berge sind die Basaltkuppe des *Geising* (824 m ü. d. M.) und der langgestreckte *Kahleberg* aus Rhyolith (904 m ü. d. M.).
Die Ebenheiten sind vielfach von pleistozänen Sedimenten, insbesondere Moränen und Schmelzwasserablagerungen bedeckt, die ihrerseits von einer unterschiedlich mächtigen weichselkaltzeitlichen Lößlehmdecke überzogen sind. Das trifft vor allem auf die elbnahen Bereiche zu. Auf diesen Teilen der Ebenheiten wird vorwiegend Landwirtschaft betrieben, während die sandigeren Bodenpartien sowie die Plateaus und Schutthalden der Steine vom Wald bedeckt werden.
Im Nordosten und Osten ragt über die Sandsteinlandschaft das Lausitzer Granitmassiv auf. Die Grenze gegen den Sandstein wird durch die Napoleonschanze, die Waitzdorfer Höhe, den Adamsberg und die Hohe Liebe markiert. Die sich an die Lausitzer Störung anlagernden Randebenheiten des Sandsteins bilden nur einseitig südwärts gerichtete Steilabfälle, die als Wände bezeichnet werden, so die Brand-, Waitzdorfer und Ochelwände. Während im Sandsteingebiet schroffe Formen dominieren, herrschen im Granit der Lausitz sanfte Formen vor. Das drückt sich auch in der Namensgebung aus. In der Sächsischen Schweiz spricht man von Steinen, Türmen, Riffen und Wänden, in der Lausitz von Bergen, Hügeln und Höhen.
Die Unzugänglichkeit der Felsmassive im Basteigebiet war im Mittelalter Anlaß zum Bau von Befestigungsanlagen. Aus dem Jahre 1361 ist die Existenz von zwei Burganlagen belegt. Die auf einem Felssporn im Elbtal über der heutigen Siedlung Niederrathen liegende Burg *Altrathen* wird bereits 1289 als „castrum" bezeichnet. Die Felsenburg *Neurathen* im Basteigebiet ist dagegen sehr wahrscheinlich später erbaut worden. Als sicher gilt, daß vom 13. bis 15. Jh. beide Burganlagen mehrfach den Besitzer wechselten. Sie waren Streitobjekte zwischen den sächsischen Wettinern und dem böhmischen Adelsgeschlechtes der BERKEN VON DER DUBA. Die Felsenburg Neurathen soll dabei 1469 zerstört worden sein. Reste der Anlage waren noch bis 1800 vorhanden. In den Jahren 1933/34 erfolgten umfangreiche Forschungs- und Ausgrabungsarbeiten, die ein annäherndes Bild von der ehemaligen Felsenburg erbrachten. Nach gründlicher Rekonstruktion der gesamten Anlage einschließlich der Erneuerung der zahlreichen Brückenstege über die 60 m tiefen Felsklüfte ist sie seit 1984 wieder zur Besichtigung freigegeben. Die Burganlage umfaßt das Felsmassiv vom

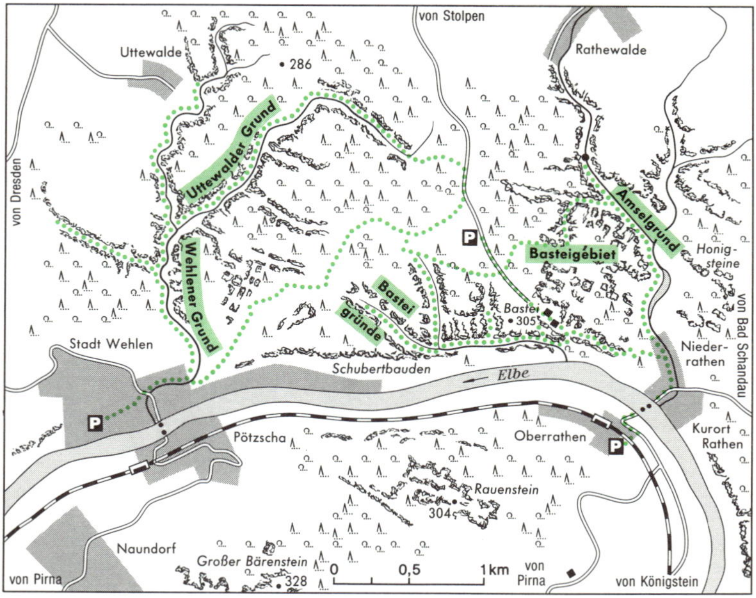

Mönchstein im Südosten und dem Neurathener Felsentor einschließlich der Mardertelle im Nordwesten. Sie ist ein Beispiel für eine mittelalterliche Wehranlage und steht als Kulturdenkmal unter Schutz.

Der Zugang zu dieser Felsenburg erfolgt von der Basteihochfläche aus über die Steinerne Basteibrücke, deren Bau 1850/51 erfolgte. Sie verbindet die Basteihochfläche über die *Mardertelle* mit der Felsenburg Neurathen in ca. 165 m Höhe über dem Elbspiegel und ist über 2 m breit und 76,5 m lang. Von ihr hat man einen herrlichen Blick in das Felsenlabyrinth des *Wehlgrundes*, u. a. auf die Große und Kleine Gans, die Honig- und Feldsteine und den Talwächter.

Von der Bastei aus erreicht man über den Fremdenweg, der von der Basteistraße nach links abzweigt, den *Steinernen Tisch*. Es ist eine neben der gleichnamigen Gaststätte im Jahre 1710 von Steinbrechern errichtete Sitzecke, die anläßlich einer kurfürstlichen Jagd des Dresdner Hofes als Raststätte diente. Von hier aus besteht die Möglichkeit, über den Griesgrund die Stillen Gründe aufzusuchen oder auf dem Fremdenweg weiterwandernd bis zum Wehlener und Uttewalder Grund (↑auch Basteigründe – Stille Gründe und Wehlener und Uttewalder Grund). Empfohlen werden kann auch eine Wanderung von der Bastei aus durch die Schwedenlöcher zum Amselgrund mit Besuch des Amselfalles und des Amselsees. Am Einstieg zu den Schwedenlöchern führt ein Steg zum Wehlgrundblick im Bereich der Kleinen Gans, dessen Besuch vor dem Abstieg nicht versäumt werden sollte (↑auch Amselgrund mit Amselsee bei Kurort Rathen). *Ba*

Basteigründe – Stille Gründe 6

Gemeinden: Rathen, Lohmen
Landkreis: Pirna, Sebnitz
nächste größere Stadt: Pirna

Erreichbarkeit: Autobahnausfahrt: Dresden-Altstadt (A 4), B 172 bis Pirna, Abzweig nach Stolpen/Hohnstein, kurz vor Rathewalde Abzweig zur Bastei (Parkplatz Basteistraße) oder über Stadt Wehlen (Parkplatz an der Elbe) oder Abzweig Struppen/Rathen (Parkplatz links der Elbe); Entfernung: ca. 36 km
Zugänglichkeit: frei zugänglich; Naturschutzgebiet im Nationalpark Sächsische Schweiz, Wege dürfen nicht verlassen werden
Besichtigungsdauer: 2 bis 3 Stunden und länger

Die im Osten durch den Amselgrund, im Westen durch den Wehlener und Uttewalder Grund, im Süden durch das Elbtal begrenzte Basteihochfläche wird in ihren Randbereichen durch Gründe und Schlüchte in einzelstehende Felsen und Felsmassive aufgelöst. Die den Südrand der Basteihochfläche auf kurze Erstrekkung zerschneidenden Hängetäler zwischen Wehlen und Rathen werden als Basteigründe oder auch Stille Gründe bezeichnet. Zu ihnen zählen von West nach Ost Schwarzberggrund, Tümpel-, Gries-, Pferde-, Hirschgrund und die Hoffkluns, auch Eisenbahngründel genannt. Die Länge dieser Gründe von den meist kesselartig ausgebildeten Talschlüssen bis zum Abbruch an der Wandstufe zum Elbtal schwankt zwischen 250 m und 800 m. Mit Ausnahme des *Schwarzberggrundes*, der von Nordost nach Südwest verläuft, folgen die übrigen Gründe einer von Nordwest nach Südost verlaufenden Hauptkluftrichtung. Die Bildung der Gründe dürfte bereits vor dem Einsetzen der elstereiszeitlichen Vereisung weitgehend abgeschlossen gewesen sein. Zu dieser Zeit hatte sich die präglaziale Elbe in die kreidezeitliche Sandsteinplatte auf eine Tiefe von etwa 160 m ü. d. M. eingeschnitten. Die über die Elbe weiter nach Süden reichende Vereisung bedingte eine weitgehende Verschüttung auch der Basteigründe mit glazialen Sedimenten. Ihre Ausräumung setzte sehr wahrscheinlich mit dem Abschmelzen des Eises ein und fand in den nachfolgenden Warm- und Kaltzeiten ihre Fortsetzung. Die Entstehung der Hängetäler nach der Elster-Eiszeit war die Folge einer Anhebung der Sandsteinplatte, wodurch die Elbe zur verstärkten Tiefenerosion veranlaßt wurde. Die Eintiefung erreichte Werte von etwa 35 Meter. Die kurzen, in die Elbe entwässernden Gründe führten nur wenig oder gar kein Wasser, da Schmelzwasser in den nachfolgenden Zeiten nicht mehr verfügbar war. Sie konnten daher mit der Tiefenerosion der Elbe nicht Schritt halten. Auf einen größeren Wasserreichtum während des Pleistozäns weisen auch zahlreiche Strudellöcher hin.

Das interessanteste unter den ins Elbtal einmündenden Hängetälern der „Stillen Gründe“ ist der *Tümpelgrund*. Man erreicht ihn von der Basteihochfläche über einen steilen Pfad. Bereits nach kurzer Wegstrecke verengt er sich unvermittelt zu einer nur 80 bis 100 cm breiten Klamm, der *Otto-Beyer-Schlucht*, benannt nach einem verdienstvollen Erforscher der Sächsischen Schweiz. Sie war ursprünglich noch enger und ist künstlich erweitert worden. Die klammartige, ca. 35 m lange Schlucht erreicht eine Höhe von 8 Metern. Darüber setzt eine Erweiterung ein. In dieser Klamm befinden sich 7 Strudellöcher, die teils übereinander angeordnet sind, teils auch miteinander in Verbindung stehen. Das großartigste Strudelloch kann man rechts am Ausgang der Klamm beobachten. Die Bildung erfolgte offenbar durch Schmelzwasser während der Rückzugsphase der Elstervereisung. Schraubenartige Windungen an den Innenwänden deuten auf die Drehbewegungen im Wasser mitgeführter Gerölle hin, die aus den pleistozänen Ablagerungen stammen. Davon zeugen noch heute Quarze, Quarzite, Grauwacken und Granodiorite aus der Oberlausitz sowie nordisches Material mit Feuersteinen, die auf der Talsohle am nördlichen Eingang der Schlucht zu finden sind.

Am Ausgang der Otto-Beyer-Schlucht nimmt der Tümpelgrund, der durch zahlreiche Felsstürze stark erweitert ist, wieder einen fast ebenen Verlauf. Das Gefälle ist gering. Der Grund endet unvermittelt über einer etwa 30 m hohen Steinbruchwand der ehemaligen *Weißen Brüche*. Ein Hängetal war der Tümpelgrund aber auch schon vor Beginn des Steinbruchbetriebes. Doch durch die Sandsteingewinnung ist die Wandhöhe beachtlich vergrößert worden, so daß seit 1846 ein Abstieg in das Elbtal nicht mehr möglich ist. Ähnliche Verhältnisse wie der Tümpelgrund bieten auch die anderen Gründe, insbesondere der *Gries-* und *Hirschgrund*, die beide abweichend vom Tümpelgrund Stufenpfade zum Haldenweg auf den Weißen Brüchen besitzen. Am oberen Ende des nur 250 m langen *Hoffkluns* befindet sich die bekannte *Vehmhöhle*, die auch über die *Rahmhanke* zu erreichen ist. Sie gehört mit einer Grundfläche von 80 m^2 und einer Länge von 33 m zu den größten Klufthöhlen der Sächsischen Schweiz, obwohl der Eingang nur 1,7 m breit und 3 m hoch ist. Zahlreiche Einmeißelungen von Jahreszahlen an ihren Wänden beweisen, daß sie früher von den Bewohnern der umliegenden Orte in Kriegszeiten als Zufluchtsort benutzt worden ist.

In den vom Kellerklima beherrschten Gründen dominieren Sandböden mit wechselndem Grobskelettanteil, die alle Übergänge vom Podsolranker und zur podsolierten Braunerde zeigen. Auf den Schluchtsohlen lagern sandige Lehme bis lehmige Sande, die stellenweise mit hohen Blockbeimengungen versehen sind. Die Besonderheit des Lokalklimas und die Bodenbeschaffenheit bedingen einen starken Wechsel in der Vegetation. Sehr überzeugend ausgebildet ist die Waldhöhenstufeninversion, wobei der Schluchtwald aufgrund der Nord-Süd verlaufenden Gründe mehr die trockenere Variante erkennen läßt. Für die Bodenflora ist jedoch auch hier die Vielfalt an Farnarten typisch, so u. a. Rippen-, Wurm- und Tüpfelfarn. Auf den Felsbändern ist vereinzelt der Sumpfporst anzutreffen.

Der elbseitige Steilabfall der Basteihochfläche zwischen Wehlen und Rathen wurde schon frühzeitig für den Steinbruchbetrieb erschlossen. Der mit der Methode der Wandfällung betriebene Abbau reicht bis in das 13. Jh. zurück und wurde bis zum Jahre 1910 betrieben. Die weißen Bruchwände, die seit der Stillegung des Abbaus zunehmend wieder vom Grau der Verwitterung gekennzeichnet werden, gaben dem Bruchgebiet den Namen. Sie bilden heute gemeinsam mit den Steinbruchhalden ein charakteristisches, anthropogen bedingtes geomorphologisches Element. Auf den grobschuttreichen Sandböden der Halden stockt ein heidekrautreicher Birken-Kiefern-Robinien-Vorwald, dem Eichen, Rüstern, Pappeln und Buchen beigemischt sind. Der Baumbestand geht zu einem beachtlichen Teil auf Aufforstungen zurück, die bereits ab 1910 in der Regie des „Vereins zum Schutze Sächsischen Schweiz" als eine weit vorausschauende landeskulturelle Maßnahme erfolgte. Dieser Verein hatte die Weißen Brüche aufgekauft, stillgelegt und renaturiert. Ihm ist auch zu danken, daß die Basteiwände so erhalten geblieben sind, wie wir sie heute vorfinden. Während des Steinbruchbetriebes dienten die Stillen Gründe teilweise den Steinbrechern aus Rathewalde und anderen Orten als Zugang zu ihren Arbeitsstätten in den Bruchgebieten. *Ba*

Bielatal 7

Gemeinde: Rosenthal, Ortsteil Schweizermühle
Landkreis: Pirna
nächste größere Städte: Pirna, Königstein
Erreichbarkeit: Autobahnausfahrt: Dresden-Altstadt (A 4), B 172 bis Krietzschwitz, Landstraße über Bielatal nach Rosenthal; Entfernung: 43 km. Von Königstein auf der Bielatalstraße, auf der auch ein Omnibus nach Schweizermühle verkehrt
Zugänglichkeit: frei zugänglich
Besichtigungsdauer: mehrere Stunden bis 1 Tag
Abbildungen: S. 37

Das Bielatal, eines der reizvollsten Nebentäler des Elbtales, hat wenig südlich der sächsischen Grenze, auf tschechischem Gebiet, seinen Ursprung. Zwei Quellflüßchen, der von Ostrov (Eiland) kommende Hammerbach und die beim Dorfe Sněžník (Schneeberg) entspringende Dürre Biela vereinigen sich schon bald nach ihrem Eintritt auf sächsisches Gebiet zur Biela, die nach einem Lauf von 15 km bei Königstein in die Elbe mündet. Während der untere Talabschnitt bei Brausenstein, Bielatal und besonders bei Königstein-Hütten schon seit früher Zeit durch Wasserkraft nutzende Industrieanlagen geprägt ist (die Hochofenruine *Brausenstein,* ein Hammerwerk aus dem 18. Jh., ist das Wahrzeichen der Gemeinde Bielatal), ist das obere Bielatal, dessen Mühlen auch von einstiger, aber seit langem weitgehend erlegener Betriebsamkeit künden, heute ein landschaftlich besonders reizvolles Wander- und Erholungsgebiet. Wir beschränken uns bei unserer Darstellung auf den Talabschnitt zwischen Schweizermühle und Ottomühle.

Obwohl wir uns auch hier inmitten der Sandsteinlandschaft befinden, weicht sie in ihrer Erscheinungsform wesentlich von dem übrigen Elbsandsteingebirge ab. Die hier auftretende bizarre Welt von Felstürmen, Säulen, Zinnen und Kanzeln ist eine ausgesprochene Tallandschaft, indem diese Felsgebilde sich nicht über Ebenheiten erheben, sondern die Talränder begleiten, gleichermaßen losgelöst von ihnen ihr Eigenleben führen. Wo es möglich ist, die Talränder zu ersteigen, kann man von ihnen auf die Felsenwelt des Bielatales hinabblicken. Diese landschaftliche Eigenart ist allerdings auch geologisch begründet. Die gesamte kreidezeitliche Schichtenfolge des Elbsandsteingebirges ist in der späten Tertiärzeit in ihrem südlichen Teil tektonisch angehoben worden, so daß sie mit etwa 1 bis 3° nach Norden einfällt. Die erosiv bzw. denudativ arbeitende Zerstörung hat jedoch horizontal bzw. mit nur sehr geringer Neigung über die Schichtenfolge hinweggegriffen, so daß in südlicher Richtung an der Oberfläche zunehmend tiefere Horizonte ausstreichen. Das heißt, während wir im mittleren und nördlichen Elbsandsteingebirge von den Tälern bis hinauf zu den höchsten Felsmassiven das Mittel- und Oberturon (Stufe a–d) und das Coniac (Stufe e) antreffen, kommt im Süden, vor allem in den Tallagen, auch das Unterturon, der sog. Labiatusquader, an die Oberfläche. Dieser bildet auch die Felsenwelt des Bielatales. Damit verbunden ist auch eine abweichende Erscheinungsform des Sandsteines, der die zahlreichen Felstürme und -kegel bildet. Sie scheinen aus mehr oder weniger dicken übereinandergeschichteten Platten aufgebaut zu sein, die an den Felswänden als Bänder erscheinen, von denen manche simsartig hervortreten. Ein besonders widerständiger Schichthorizont erstreckt sich im Bereich der vielfach überkragenden Felsköpfe. Die Massierung der vielen Felstürme, -kegel und -zinnen hat bereits seit mehr als einem Jahrhundert die Bergsteiger angelockt und das obere Bielatal zu einem der beliebtesten Klettergebiete gemacht. Bereits 1870 wurden von Bewohnern der Ottomühle *Daxenstein* und *Ottostein* bestiegen, und 1891 führten bekannte Pioniere des Klettersports, wie Oscar Schuster und Friedrich Meurer, eine Reihe von Erstbesteigungen durch. Vom Frühjahr bis zum Spätherbst vergeht kaum ein Tag, an dem nicht an irgendwelchen Felstürmen Bergsteiger zu beobachten sind, besonders an den Oster- und Pfingstfeiertagen.

Will man die Vielfalt des oberen Bielatales mit seinen merkwürdigen Felsformationen kennenlernen, sollte man beide Talseiten und eventuell auch die oberen Einzugstäler besuchen. Als günstiger Ausgangspunkt bietet sich die Bushaltestelle in Schweizermühle an; wenige Schritte unterhalb weist ein Wegweiser zum „Rundweg Schweizermühle“ an einem Teich vorbei zum westlichen Talhang (Markierung gelber Punkt). Der Weg führt bald aufwärts zum Felskegel des *Nachbarn,* von dem aus man einen Talblick auf den Ortsteil Schweizermühle und den gegenüberliegenden Felskomplex der Bastei hat. Die sich über dem jenseitigen Talrand ausdehnende, von Felsgebilden freie Ebenheit von Rosenthal bestätigt die Talsituation der Felstürme des Bielatales.

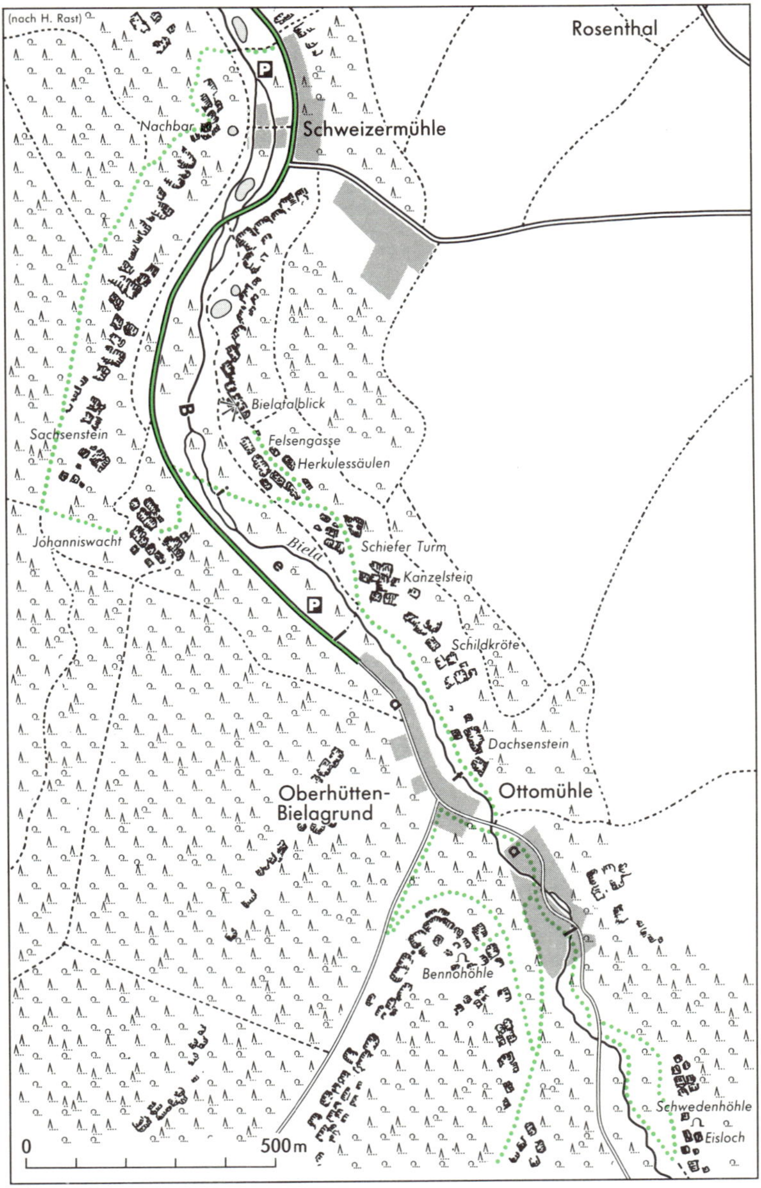
(nach H. Rast)
Rosenthal
Schweizermühle
Nachbar
Bielatalblick
Sachsenstein
Felsengasse
Herkulessäulen
Johanniswacht
Biela
Schiefer Turm
Kanzelstein
Schildkröte
Dachsenstein
Oberhütten-
Bielagrund
Ottomühle
Bennohöhle
Schwedenhöhle
Eisloch
0
500 m

Durch ein Felsentor und auf Stufen aufwärts durch eine Felsenkluft erreicht man einen auf der Hochfläche dahinführenden Waldweg, von dem aus man, nach etwa 500 m etwas absteigend, den steilen Felsenturm des *Sachsensteines* erreicht. Hohe und steile Eisenleitern, z. T. durch enge Felsklüfte, führen auf die Aussichtsplatte. Ist die Besteigung auch beschwerlich, so ist doch der Talblick beeindruckend. Im Talgrund liegt eine Baumschule, gegenüber der „Bielatalblick“ mit einem ruinenartig erscheinenden Pavillon. Jenseits talaufwärts aber erblickt man die von den Talflanken losgelösten, abenteuerlich erscheinenden *Herkulessäulen* und den *Schraubenkopf* mit ihren benachbarten Kletterfelsen, etwas weiter die Felsgruppen um den *Schiefen Turm*, um den *Kanzelstein* und auf der anderen Seite die Felsgruppe der *Johanniswacht*. Die teilweise von wunderlichen Köpfen gekrönten oder auch schief gestellten Felstürme haben schon manchen Maler, wie etwa LUDWIG RICHTER, zum Zeichnen angeregt. Weit oberhalb des Tales schließt der auf böhmischem Gebiet liegende breite Rücken des Hohen Schneeberges (Děčinský Sněžník) das Panorama ab.

Zurück zum Weg auf der Hochfläche, auf dem man bald eine Wegkreuzung erreicht und dem Wegweiser zur Johanniswacht folgt. Von ihrem Ausblick schaut man auf den *Johanniskegel* und die benachbarten Kletterfelsen und hat einen ähnlich schönen Talblick wie vom Sachsenstein, auf den man zurückblickt. Durch Kluftgassen geht es auf Stufen hinab ins Tal, auf der Straße ca. 100 m nach links, wo ein Pfeil mit dem gelben Markierungspunkt auf einen rechts abzweigenden Pfad nach der gegenüberliegenden Talseite weist. Er führt durch den feuchten Talgrund, wo man auf einer Steinplatte die Biela überschreitet. Am jenseitigen Talhang folgt man einem Wegweiser durch die Felsengasse. Aus ihr heraustretend steht man unmittelbar zwischen den Kletterfelsen der Herkulessäulen und ihrer Nachbarn. Weiterwandernd gelangt man zur Felsgruppe des Schiefen Turmes mit *Hallenstein* und *Chinesischem Turm*, ein Stück weiter folgen *Trautmannsfels*, *Kanzelturm* und die auf nur geringer Unterlage sitzende *Schildkröte*, schließlich die Gruppe des *Daxensteines* mit *Zarathustra-* und *Ottostein*. Damit ist auch die Ottomühle im Ortsteil Oberhütten-Bielagrund erreicht.

Südlich der Ottomühle über einen vom Glasergrund abzweigenden, bezeichneten Weg kann man die *Bennohöhle* aufsuchen, eine mit Felsblöcken überdachte Felskluft. An der hinteren Wand ist die nur schwach erkennbare Zeichnung eines Kelches und die Inschrift „M. z. Donjn +++ 1401 Benno“ zu lesen, deren Deutung unklar ist. Geht man das Bielatal ca. 600 m aufwärts und folgt vor der vierten Brücke dem links neben der Biela aufwärts führenden Pfad, so gelangt man nach weiteren 300 m in der Nähe des Spannagelturmes zum *Schwedenloch* mit einer natürlichen Eisgrube. Hier gefangene Kaltluft hindert im Winter angesammeltes Eis lange Zeit am Abtauen. Wer genügend Zeit und Freude an Wanderungen in den stilleren, von weiteren bizarren Felstürmen gesäumten oberen Verzweigungen des Bielatales hat, dem sei eine Wanderung bis zur *Grenzplatte* empfohlen, von der aus man Ausblicke in das oberste Bielatal mit der böhmischen Ortschaft Ostrov (Eiland) und auf den nahen Hohen Schneeberg hat. *Ra*

Brand 8

Gemeinde: Hohnstein
Landkreis: Sebnitz
nächste größere Städte: Pirna, Sebnitz
Erreichbarkeit: Autobahnausfahrt: Dresden-Altstadt (A 4), B 172 bis Pirna, Abzweig Stolpen/Hohnstein; Parkplatz Brandstraße in Hohnstein; Entfernung: ca. 46 km
Zugänglichkeit: frei zugänglich; Wegegebot im Nationalpark
Besichtigungsdauer: 3 Stunden und länger

Den Brand, den wir vom Parkplatz aus nach 45 Minuten bequemer Wanderung durch ein abwechslungsreiches Waldgebiet erreichen, soll seinen Namen von einem ausgedehnten Brand in den umliegenden Wäldern erhalten haben. Er liegt in 330 m ü. d. M. am Ende der nach Südosten vorspringenden riedelartigen Brandhochfläche zwischen dem ↑Polenztal und dem ↑Tiefen Grund. Nach beiden schluchtartigen Tälern fallen die Felswände steil in die Tiefe ab. Die besonders während des Pleistozäns sehr intensive rückschreitende Erosion hat in die flachwellige Hochfläche von diesen Tälern aus zahlreiche Gründe und Schlüchte eingearbeitet und so zu einer starken Auflösung der Randbereiche geführt. Der *Forstgraben* aus dem Tiefen Grund und die *Schlaglöcher* aus dem Polenztal haben sich dadurch bis auf nahezu 100 m einander genähert. Einzelne, von der Verwitterung und Abtragung aus der Brandhochfläche herausgelöste Einzelfelsen, insbesondere zum Tiefen Grund zu, säumen die imposante Felskulisse. Einige davon sind von Bergsteigern oft aufgesuchte Kletterfelsen.

Der Blick von der Brandaussicht in die reizvoll gestaltete Felslandschaft des Sandsteins ist unvergeßlich. In der Mitte des Panoramas erhebt sich über der Ebenheit von Waltersdorf der Lilienstein. Von Ost nach West reihen sich aneinander die stark gegliederten Schrammsteine, die Kaiserkrone, der Zirkelstein, der Große und Kleine Zschirnstein, die Koppelberge, die Lasensteine, der Gohrisch, am Horizont der langgestreckte Große Schneeberg und der Pfaffenstein mit der Felsnadel der Barbarine an seiner Ostseite. Westlich vom Lilienstein erheben sich der Königstein und die Bären- und Rauensteine über den vorwiegend landwirtschaftlich genutzten Ebenheiten. Die Basteiwände und der Gamrig beherrschen den Blick nach Westen. Im Hintergrund sind Wilisch und Windberg bei Freital, der Cottaer Spitzberg und rechts davon die Tellkoppe bei Kurort Kippsdorf und der Luchberg bei Dippoldiswalde auf der Erzgebirgsnordabdachung sichtbar.

Von der Plattform der Brandaussicht fallen die Sandsteinwände ca. 110 m zum Polenztal ab. Nur die schroffen Felszacken der isoliert stehenden *Brandscheibe* gliedern den geschlossenen Abfall. Sie ist ein vielaufgesuchter Kletterfelsen. Die Erstbesteigung erfolgte bereits 1905. Polenzabwärts erhebt sich links der schmale bewaldete Rücken des *Frinzberges*, auf dem im 15. Jh. eine Vorburg von Hohnstein gestanden haben soll. Als im Jahre 1443 Burg und Herrschaft Hohnstein in den Besitz der Wettiner übergingen, verlor diese Wehranlage ihre ursprüngliche Bedeutung und verfiel.

Im Osten der Brandgaststätte gelangt man über mehrere überbrückte Klüfte zu einem Aussichtsfelsen, der Einblick in den Tiefen Grund und in das Lausitzer Granodioritgebiet gewährt. Über 100 m fallen an dieser Stelle die Brandwände zum Tiefen Grund ab, in dem die Straße von Hohnstein nach Bad Schandau hindurchführt. Über ihr erheben sich auf der anderen Talseite die Waitzdorfer Wände, die die gleichnamige Randebenheit begrenzen. Nördlich anschließend erhebt sich die Doppelkuppe der ↑Waitzdorfer Höhe,

Rundblick vom Brand

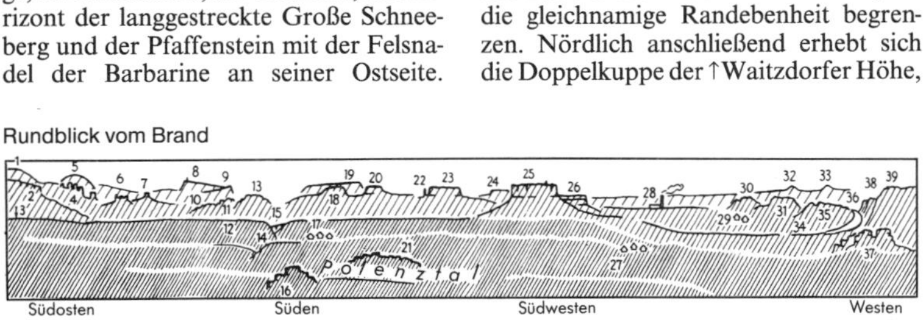

1. Großer Winterberg (552 m); 2. Waitzdorfer Wände, Ochelwände; 3. Tiefer Grund; 4. Schrammsteine mit Falkenstein; 5. Růžovsky (Rosenberg), ČSFR (619 m); 6. Kaiserkrone (355 m); 7. Zirkelstein (385 m); 8. Großer Zschirnstein (562 m); 9. Kleiner Zschirnstein (473 m); 10. Kohlbornstein (378 m); 11. Koppelsberge (398 m); 12. Rathmannsdorfer Ebenheit; 13. Kleinhennersdorfer Stein (389 m); 14. Lachsbachtal; 15. Elbtal mit Eisenbahn-Brücke bei Rathmannsdorf; 16. Brandscheibe; 17. Porschdorf; 18. Papstein (451 m); 19. Děčinsky Sněžník (Hoher Schneeberg), ČSFR; 20. Gohrischstein (448 m); 21. Fritschenstein (261 m); 22. Barbarine (am Pfaffenstein); 23. Pfaffenstein (427 m); 24. Quirl (349 m); 25. Lilienstein (415 m); 26. Königstein (360 m) 27. Waltersdorf; 28. Schornstein in Leupoldishain; 29. Weißig; 30. Kleiner Bärenstein (338 m); 31. Großer Bärenstein (329 m); 32. Wilisch (476 m); 33. Windberg; 34. Oberrathen, Ortsteil von Kurort Rathen; 35. Rauenstein (304 m); 36. Elbtal mit Stadt Wehlen; 37. Gamrig (253 m); 38. Weiße Brüche (zw. Wehlen u. Rathen); 39. Basteiwände mit Bastei (305 m).

die bereits im Lausitzer Granodioritgebiet liegt.
Unter den Sandsteinfelsen, die die Brandhochfläche zum Tiefen Grund hin begrenzen, fällt links vom Aussichtspunkt eine Gruppe von säulenartigen Felsen auf, die in ihrer äußeren Form durch stark gerundete Abflachungen in den obersten Felsenpartien wie gut verschnürte Getreidesäcke aussehen und daher im Volksmund auch als „Hafersäcke" bezeichnet werden. Hierbei handelt es sich um eine typische Verwitterungsform, die an grobkörnige großbankige Sandsteinschichten gebunden ist. Zusammen mit anderen freistehenden Felsen gehören sie zu einer Gruppe von Kletterfelsen, deren bedeutendste *Brandkegel* und *Viermännerturm* sind.
Man geht auf die Brandstraße zurück, wandert ein kurzes Stück in Richtung Hohnstein und biegt dann nach links in den stufenreichen *Schulzengrund* ein, der zur Waltersdorfer Mühle hinabführt. Weiter geht es im Polenztal nach Hohnstein, das über den Schindergraben erreicht wird (↑auch Polenztal).
Vom Brand führt in einer Felsschlucht auch ein Steg mit über 800 Stufen zur Straße im Tiefen Grund. Von dort aus bietet sich die Möglichkeit, die Grundstraße aufwärts bis zum Forstgraben und diesen aufwärts bis zur Brandstraße zu wandern, auf der man wieder Hohnstein erreicht. *Ba*

Cottaer Spitzberg 9

Gemeinde: Cotta, Ortsteil Großcotta
Landkreis: Pirna
nächste größere Städte: Pirna, Dresden
Erreichbarkeit: Autobahnausfahrt: Dresden-Altstadt (A 4), B 172 nach Pirna, in südlicher Richtung auf der Landstraße nach Berggießhübel bis zur Kreuzung westlich von Cotta, links abbiegend durch die Gemeinde bis zum östlichen Ortsausgang; Entfernung: 38 km
Zugänglichkeit: frei zugänglich
Besichtigungsdauer: 1 bis 2 Stunden

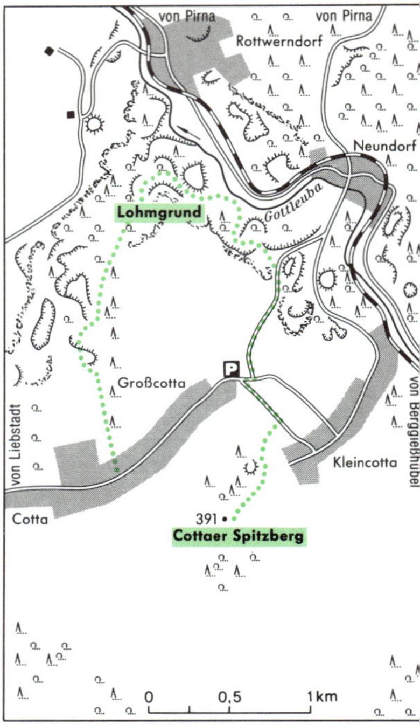

Der Aufstieg zur markanten, 391 m hohen Erhebung beginnt am nordöstlichen Ortsausgang von Großcotta. Eine Gruppe von Steinkreuzen aus Sandstein macht deutlich, daß das heimische Gestein seit dem Mittelalter auch für solche Zwecke verarbeitet wurde. Sanftere und steilere Wegabschnitte leiten im Wechsel zum Gipfel und markieren die aus Mergel bzw. Pläner und Grünsandstein bestehende mittelturone Schichtenfolge im Untergrund, die hier der Abtragung entgangen ist. Nach Niederschlagsperioden lassen sich die Obergrenzen der wasserstauenden Mergel und Pläner durch stärkere Feuchtigkeit oft genauer abgrenzen.
Die Felsklippen des Gipfelbereiches werden von einem säulig abgesonderten Olivin-Augit-Tephrit gebildet. Das Gestein stand im vorigen Jahrhundert und noch bis etwa 1915 im Abbau; 1896 wurden

beispielsweise 18,3 km Straßenlänge im Amtshauptmannschaftsbezirk Pirna mit Schotter von hier unterhalten. Der ehemalige Steinbruchbetrieb führte zur Freilegung der 20 bis 30 cm dicken Basaltsäulen, die am Gipfelfelsen nahezu vertikal stehen, nach außen hin aber flacher liegen. Porphyrische Einsprenglinge von Augit und Olivin sind mit bloßem Auge in dem dichten Gestein erkennbar, dessen Grundmasse sich aus Augit, Magnetit, Feldspat und Glas zusammensetzt. Olivin ist auch in nuß- bis faustgroßen Ausscheidungen angetroffen worden. Gelegentlich führt der Basalt Einschlüsse von Sandstein. Die im Tertiär geförderten Tephrite weisen in der Regel ein Alter von 24 Millionen Jahren auf.

Der Cottaer Spitzberg verdient auch in botanischer Hinsicht Interesse. So tritt im Frühjahr beispielsweise Lungenkraut reichlich auf. Weiterhin sind wärmeliebende Pflanzenarten wie Wirbeldost, pfirsichblättrige Glockenblume, Hainwachtelweizen, Süßholztragant und Silbermerbel verbreitet. Herbstzeitlose schmückt eine Wiese im Nordosten des Bergrückens. Schließlich sei noch auf das Vorhandensein alter Laubbäume (Winterlinde, Spitz- und Bergahorn, Stieleiche) hingewiesen.

Der Gipfelfelsen, auf dem eine Vermessungssäule steht, bietet eine ausgezeichnete Rundsicht. Im nördlichen Teil eröffnet sich dem Betrachter die Elbtalweitung des Dresdener und Pirnaer Raumes mit den dahinterliegenden granitischen Höhen der Lausitz. Im Osten fallen die Felsgebiete und Tafelberge des Elbsandsteingebirges, insbesondere Lilienstein, Königstein und Hoher Schneeberg ins Auge. Im Süden sind im Osterzgebirge der 904 m hohe Kahleberg und der Basaltkegel des Geisingberges zu erkennen. Im Westen hebt sich der ebenfalls basaltische Wilisch über den Rücken und Tälern des Elbtalschiefergebirges heraus. *Be*

Diebeshöhle am Quirl 10

Gemeinden: Königstein, Pfaffendorf
Landkreis: Pirna
nächste größere Stadt: Pirna
Erreichbarkeit: Autobahnausfahrt: Dresden-Altstadt (A 4), B 172 über Pirna nach Königstein, Landstraße nach Pfaffendorf; Entfernung: 42 km.
Vom Bahnhof Königstein (Strecke Dresden–Bad Schandau) ca. 2,5 km Fußweg, direkt oder vom unteren Ortsteil von Pfaffendorf aus
Zugänglichkeit: frei zugänglich
Besichtigungsdauer: 2 Stunden (mit Quirl 3 bis 4 Stunden)

Der nur 349 m hohe Quirl, der sich südlich der Festung Königstein über einen von der Biela umflossenen, nach Westen vorspringenden spornartigen Ausläufer der Ebenheit von Pfaffendorf erhebt, ist im Landschaftsbild des Elbsandsteingebirges einer der weniger eindrucksvollen Tafelberge, da ihm eine markante, weithin sichtbare Felskrone fehlt. Sie ist bis auf die Sandsteinstufe c 3 abgetragen, die nirgends sichtbar über die Bewaldung hinausragt. Dennoch weist der Quirl eine Besonderheit auf: die an seiner nordöstlichen Seite befindliche Diebeshöhle. Im petrostratigraphischen Grenzhorizont $\gamma 2$, wo über dem Fußhang des Quirl an der Basis der Felsstufe c 3 (tiefstes Oberturon) ein markanter Auswitterungshorizont entwickelt ist, greift sie tief in die Felswand hinein und gilt als die größte Schichthöhle des Elbsandsteingebirges. 29 m lang und 8 m breit weist sie eine Bodenfläche von 230 m^2 auf und ist 2 bis 4 m hoch. 1755 wurde der darin befindliche steinerne Tisch mit Sitzen – wohl für fürstliche Jagdgesellschaften – aufgestellt. Auf frühe Besuche weist auch die links neben der Höhle in den Felsen geschlagene Jahreszahl 1685 mit den Buchstaben J. M. L. hin. Zu Ehren des Geologen AUGUST VON GUTBIER, dem ältere Arbeiten über das Elbsandsteingebirge zu verdanken sind, wurde auch der Name „Gutbierhöhle“ vorgeschlagen und zeitweilig verwendet, hat sich jedoch nicht eingebürgert. Auch neben der Diebeshöhle sind im gleichen Horizont kleinere Höhlen und lochartige Auswitterungen, getrennt durch sanduhrartige Pfeiler, zu beobachten.

Man erreicht die Höhle von Königstein aus, wo von der Bielatalstraße etwa 300 m oberhalb der Postmeilensäule die Straße nach Pfaffendorf abzweigt, der man bis zum Gasthaus Charlottenburg und dann dem Wegweiser zum Quirl folgt, oder aber auf einem ebenfalls gekennzeichneten Weg vom unteren Ortsteil von Pfaffendorf. Beide Zugänge führen zur Oberen Quirlpromenade, von wo aus in der Mitte der Nordseite des Quirl ein Pfad hinauf zur Felswand und zur Höhle führt. Auf der Oberen Quirlpromenade kann man den Quirl auch umgehen, hat aber nur wenige Ausblicke auf das Bielatal und die Festung Königstein. Sowohl auf einem Pfad an der Nordseite, etwa 300 m nordöstlich der Diebeshöhle, als auch auf einem befestigten Auffahrtsweg an der Südseite, kann man das Plateau des Quirl besteigen. Es weist eine Lehmbedeckung auf, der auch die üppige Vegetationsentwicklung zu verdanken ist, welche aber leider auch Ausblicke verhindert. Zwei schwieriger zugängliche Einsturzhöhlen an der Südwestseite der Felswände, die beiden *Sterlhöhlen*, dienten 1885 einer Räuberbande als Schlupfwinkel. Zeitweilig, so seit 1778, war der Quirl wegen des gegenüberliegenden Königsteins aus strategischen Gründen gesperrt, 1866 wurde sogar während des Preußisch-Österreichischen Krieges der Auffahrtsweg an der Südseite gesprengt, damit die Preußen keine Geschütze zur Beschießung des Königsteines hinauffahren konnten. Wenig südöstlich der Abzweigung des Auffahrtsweges steht neben der Oberen Quirlpromenade ein alter steinerner Salzleckentrog, in den die Förster früher aus Lehm und Viehsalz geknetete Brote für das Wild auslegten.

Will man nur die Diebeshöhle besuchen, kann man von dort, der Quirlpromenade in südöstlicher Richtung folgend, nach Pfaffendorf zurückgehen. Folgt man jedoch der Quirlpromenade um den Quirl herum, kommt man wenig südöstlich an eine Wegekreuzung, von der aus man sowohl Pfaffendorf (30 Minuten), Hütten (30 Minuten) als auch den ↑Pfaffenstein (1 Stunde) erreichen kann. *Ra*

Gohrisch und Papststein 11

Gemeinden: Gohrisch, Papstdorf
Landkreis: Pirna
nächste größere Stadt: Pirna
Erreichbarkeit: Autobahnausfahrt: Dresden-Altstadt (A 4), B 172 über Pirna nach Königstein, Landstraße nach Gohrisch bzw. Papstdorf; Entfernung: 43 km.
Von Königstein (Bahnhof) mit Bus nach Gohrisch oder Papstdorf
Zugänglichkeit: frei zugänglich
Besichtigungsdauer: je 2 bis 3 Stunden
Abbildung: S. 20

Die auf der Ebenheit von Gohrisch und Papstdorf nahe beieinanderstehenden Felsberge Gohrisch und Papststein, sowie auch der nordöstlich von diesem befindliche *Kleinhennersdorfer Stein*, gruppieren sich halbringartig um den oberen Beginn des sich nach dem Elbtal öffnenden Rietzschgrundes und den in ihn einmündenden Suppelsgrund. Sowohl im Gelände als auch bei einem Blick auf eine Karte kann man sich leicht vorstellen, daß diese drei „Steine" in einer früheren Phase der erosiven Herausbildung der Elbsandsteingebirgslandschaft einen größeren einheitlichen Tafelberg gebildet haben. Durch die rückschreitende Erosion des Rietzschgrund- und Suppelsgrundbaches, sowie sich von Süden herantastender kleinerer (meist nur bei Starkregen und Wolkenbrüchen aktiver) Wasserläufe, wurde er im Laufe längerer Zeiten der Erosion, verbunden mit Felsstürzen, in die drei Tafelberge zergliedert. Für den einstigen Zusammenhang sprechen auch lokale, Wasserscheiden bildende Schwellen, welche die Felsberge miteinander verbinden. Doch die Erosion hat nicht nur die drei Felsberge voneinander getrennt, sondern auch durch Schluchtenbildung bereits tief in ihr Gefüge hineingegriffen. Auch gegenwärtig schreitet, meist unscheinbar, manchmal sich aber auch recht drastisch durch Sand fortschwemmende, heftige Wasserfluten oder Felsstürze äußernd,

Johanniskegel im Bielatal

△ Schwedenloch im Bielatal

Wabenverwitterung im Bielatal

△ Hohnsteiner Rundweg. Blick auf Stadt und Schloß

▷ Im Naturschutzgebiet Kirnitzschtal

▽ Hohnsteiner Rundweg. Winterliche Gautschgrotte

▽ Einsturzhöhle am Rauenstein

△ Schwefelflechte im Kirnitzschtal

▽ Blick von der Kaiserkrone auf den Zirkelstein

das Zerstörungswerk fort. Die Fußhänge der drei Steine gehören den kleinbankigen Sandsteinstufen c1/c2 (Mittelturon) an, die Felskronen aber den großbankigen Stufen c3, d und e (Oberturon bis Coniac), mit Ausnahme des zwar umfangreichen, aber stark abgetragenen Kleinhennersdorfer Steines, der nur noch bis in die Stufe d reicht. Die Grenzhorizonte, besonders δ2, bilden deutliche Terrassen.
Von den zum Besuch vorgesehenen beiden „Steinen" zeigt der *Gohrisch* (448 m) die stärksten Auflösungserscheinungen. Intensiv hat die Zerstörung in den beiden Hauptklüftungen, die die Westnordwest- und Nordnordost-Richtung einnehmen, ihr Werk begonnen und sie teilweise zu breiten und tiefen Schluchten erweitert. Aber auch die Felsoberflächen gerade dieses Felsberges weisen bemerkenswerte Kleinformen der Verwitterung auf, wie karrenartige Furchen und Rippen, glokkenförmige Felsköpfe mit Ablaufrinnen und schüsselförmige Vertiefungen.
Der Gohrisch birgt aber noch andere Merkwürdigkeiten. Wenn man den Aufstieg direkt vom Parkplatz an der Straße Gohrisch-Papstdorf unterhalb des Gohrischs beginnt und einem Pfad ein kurzes Stück am Fußhang aufwärts folgt, steht man bald vor einer Vertiefung, in der eine Eisentür mit dem Bergmannszeichen Schlegel und Eisen einen Stollen verschließt. Die links daneben befindliche Treppe und den weiterführenden Weg aufwärts steigend trifft man rechts des Weges auf ein großes zugewachsenes Loch. Beide stehen in engem Zusammenhang. Das Loch ist ein alter, seit langem aufgelassener Steinbruch, in dem einst ein Leucit führender Basalt, der in tertiärer Zeit als vulkanische Schmelze in den Sandstein eingedrungen war, als Straßenschotter abgebaut wurde. Bemerkenswert war, daß der Sandstein in Kontakt zum Basalt durch die Hitze der einst aufgedrungenen Schmelze gefrittet und senkrecht zum Basaltkontakt in kleine, zentimeterstarke Säulchen abgesondert war. Vom Steinbruch aus aber führte der Stollen 78 m lang und gewunden bis zur Eisentür. Im Stollen, der nahe dem Steinbruch auch einen 13 m tiefen Schacht aufweist, traf man Brauneisenvererzungen und Speckstein, ein chemisches Zersatzprodukt des Basaltes, an. Deshalb ist die Bezeichnung *Specksteinstollen* üblich geworden. Trotz aller Spekulationen, die von einer Weitererkundung des Basaltes bis zur Suche nach Steinkohlen reichen, ist es unklar, weshalb man den Stollen einst anlegte.
Doch nun den Pfad weiter aufwärts, wo sich schon bald die starke Auflösung des Felsmassives bemerkbar macht. Links des Weges ist ein größerer Felskomplex vom Massiv gelöst. Mit Erreichen der Felskrone führt der Aufstieg erst durch eine westnordwest-, dann durch eine nordnordost-streichende Kluftgasse, jeweils die Hauptkluftrichtungen nutzend. Die Vegetationsarmut des Plateaus bietet allseitig gute Ausblicke. Zurückschauend hat man den Papststein (mit Turm) unmittelbar vor sich, rechts daneben *Kohlbornstein* und *Lasensteine*, dahinter als zweite Kulisse Schrammsteine und Großen Winterberg und als dritte die böhmischen Basaltberge, beherrscht vom nahen Rosenberg. Die starke Zerstörung des Berges läßt den Gipfelpfad durch Klüfte, Schluchten und über Brücken auf- und absteigen. Schon wenige Schritte nach Erreichen des Plateaus zweigt ein Pfad, über eine Brücke führend, nach links zu den südwestlichen Randfelsen ab, von denen die Aussicht nach Süden und Westen erweitert wird. Im Süden ragt der breite Rücken des Hohen Schneeberges (Děčinsky Sněžnik) auf, links davor die bewaldeten Berge Katz-, Müller- und Lampertstein. Den Hintergrund im Südwesten und Westen bilden die Höhen des Osterzgebirges. Besonders eindrucksvoll aber ist der Blick auf die unmittelbare Randzone unseres eigenen stark zergliederten Felsberges und seine abenteuerlichen Verwitterungsformen. Zurück zum Hauptpfad. Wenige Schritte weiter an einem mit Inschriften und Jahreszahlen versehenen Felsblock führt ein unscheinbarer Pfad nach rechts. Hier kann man, etwas beschwerlich auf einer Holztreppenleiter absteigend, zur *Schwedenhöhle* gelangen, einer engen

nach Norden offenen Kluft, die im Dreißigjährigen Krieg von Flüchtlingen aufgesucht worden sein soll. Wieder zurück zum Plateau und zur Westaussicht mit ihrem umfassenden Ausblick. Besonders beeindruckend sind die nahen Felsberge Pfaffenstein, Königstein und Lilienstein, links von diesem die Bärensteine, rechts das Basteimassiv. Am Horizont aber heben sich, vom Borsberg bei Pillnitz bis zum Tanzplan bei Sebnitz reichend, die Granithöhen des randlichen Lausitzer Massivs heraus. Eine kurze Strecke zurück kann man nach rechts, vorbei an dem als *Narrenkappe* bezeichneten Kletterfelsen, absteigen und gelangt, den Gohrisch nach links umgehend, zum Parkplatz zurück.
Der Aufstieg zum *Papststein* (452 m) ist direkt gegenüber. Mehrfach hat man von ihm den Rückblick zum Gohrisch. Besonders beeindruckend aber ist der Blick in nordöstlicher Richtung über tief in das Felsgefüge des Papststeins hineingreifende Gründe, die eine weitere Auflösung des Felsmassivs vorbereiten und zwei größere Felskulissen weitgehend abgetrennt haben. Auf der am weitesten vorspringenden erheben sich zwei abenteuerlich erscheinende turmartige Kletterfelsen, die *Große* und *Kleine Hunskirche* (vermutlich Hunnenkirche, d.h. große Kirche). Die erstere weist eine deutliche Terrasse auf, die dem Grenzhorizont δ2 entspricht. Auch an unserem Aufstieg ist diese Terrasse durch einen tiefgreifenden Auswitterungshorizont mit sanduhrähnlichen Pfeilern klar ausgeprägt. Von ihr führt eine Eisentreppe zum höchsten Teil des Plateaus, auf dem sich auch ein Gasthaus befindet. Die Ausblicke vom Papststein entsprechen weitgehend denen vom Gohrisch. Dem Pfad über das Plateau nach Osten folgend kommt man oberhalb einer großen, tief in die Südwand des Papststeines hineingreifenden Nische entlang. Hier erfolgte am 17. Januar 1972 ein gewaltiger Felssturz, der davon zeugte, daß auch in der Gegenwart die Zerstörung der Sandsteinfelsmassive fortschreitet. 30000 bis 40000 m^3 Fels gerieten in Bewegung und schlugen in den darunter befindlichen Wald eine 30 m breite Schneise. Schließlich steigt man zum Suppelsgrund ab, über den hinweg man auf den Kleinhennersdorfer Stein blickt. Man wendet sich jetzt Papstdorf zu, zweigt aber an den ersten Häusern nach rechts ab. Auf dem Hans-Förster-Weg gelangt man unterhalb der Südseite des Papststeines zum Ausgangspunkt zurück. Der Weg wurde nach einem 1971 im Alter von 75 Jahren verstorbenen Papstdorfer Lehrer benannt, der sich hohe Verdienste um die Erforschung der Pflanzenwelt des Elbsandsteingebirges und als Autor bedeutender botanischer Werke erworben hat. Auf dem Hans-Förster-Weg kommt man unterhalb des großen Felssturzes vorbei. Zwar sind die Narben nach zwei Jahrzehnten vom Nachwuchs des Waldes verhüllt, aber gewaltige Blöcke auf dem Hang zeugen von dem Ereignis. Aus einiger Entfernung ist auch die helle Abrißnarbe an der Felswand zu erkennen. *Ra*

Goldsteinaussicht 12

Gemeinde: Ottendorf
Landkreis: Sebnitz
Erreichbarkeit: Autobahnausfahrt: Dresden-Altstadt (A4), auf der B172 über Pirna nach Bad Schandau und durch das Kirnitzschtal bis zur Neumannmühle; am Abzweig zum Zeughaus Parkmöglicheit; Entfernung: 60 km
Zugänglichkeit: auf markierten Wanderwegen frei zugänglich; zu Fuß in 30 Minuten vom Zeughaus
Besichtigungsdauer: 3 Stunden

Vom Zeughaus aus steigt man in westlicher Richtung zur Goldsteinaussicht auf. Oberhalb des Zeughauses und in unmittelbarer Nachbarschaft des freistehenden Goldsteingipfels gestattet die nach Süden gerichtete Felskanzel einen Einblick in die weiträumige und von zahlreichen Schluchten gegliederte Sandsteinlandschaft des *Großen Zschandes*. Die zum Turon und Coniac gehörende Schichtenfolge läßt mit dem Wechsel von Steilwandbereichen und bewaldeten Hangzonen eine Abhängigkeit von der Gesteinsausbildung erkennen. In rein sandigen und dickbankigen Sandsteinbereichen dominieren schroffe Felsformen, in Partien mit zahlreichen Tonzwischenhorizonten herrscht die Hangmorphologie vor. Jenseits der Thorwalder Wände fallen sowohl im sächsischen als auch im böhmischen Gebiet die Kuppen der jungvulkanischen Basalte und Phonolithe auf. Bedeutendste unter ihnen sind Raumberg, Rosenberg, Kaltenberg, Tannenberg und Lausche, wobei letztere nur bei guter Fernsicht auszumachen ist. In nächster Nähe erhebt sich hinter dem Klettergipfel des Großen Spitzen Hornes der ↑Große Winterberg.

Am nördlich verlaufenden Roßsteig, etwa 60 m westlich des Abzweiges zur Goldsteinaussicht, tritt das gangförmige Vorkommen eines basaltischen Gesteines zu Tage, welches bereits in der zweiten Hälfte des vorigen Jahrhunderts die Aufmerksamkeit der Fachwelt auf sich lenkte. Im Jahre 1883 beschrieb der damalige Professor für Geologie an der Bergakademie Freiberg und namhafte Forscher seiner Zeit ALFRED WILHELM STELZNER (1840–1895) erstmals dieses Gestein, welches sich durch das Auftreten des Minerales Melilith auszeichnet. Dieses kieselsäurearme Silikat tritt als Gemengteil nur in bestimmten Ergußgesteinen meist geologisch jungen Alters auf. Der Leipziger Gesteinskundler KARL HERMANN SCHEUMANN (1881–1964) bezeichnete später das Gestein als augitführenden Polzenit, nachdem er 1913 für ähnliche, im Flußgebiet des Polzen (heute Ploučnice) in Nordböhmen auftretende Ganggesteine den Namen „Polzenite“ vorgeschlagen hatte. Nach heutiger Kenntnis setzt sich der Polzenit aus den Mineralgemengteilen Olivin, Melilith, Hauyn, Biotit und Augit zusammen und muß deshalb Olivin-Melilithit genannt werden.

Schon im vorigen Jahrhundert war die Vermutung ausgesprochen worden, daß sowohl das schwarze Gestein bei der Goldsteinaussicht als auch ein ähnlich gearteter Basalt aus einer Brunnenbohrung am Zeughaus einem in der Tiefe zusammenhängenden Gang angehören. Geomagnetische Untersuchungen erbrachten 1930 dafür den Nachweis und führten schließlich zur Auffindung eines ungefähr 5 km langen „Zeughausgangzuges“, der vom oberen Roßsteig über das Zeughaus vorbei am Großen Pohlshorn bis Hinterhermsdorf verläuft. Innerhalb des gesamten Gangzuges stellt das Gesteinsvorkommen bei der Goldsteinaussicht den einzigen Aufschluß dar, in dem es der direkten Beobachtung zugänglich ist. Es fällt dort auf, daß der Gang nicht vertikal steht, sondern mit etwa 65° nach Südosten einfällt. Das Streichen des Ganges stimmt mit dem Verlauf des Erzgebirgsrandbruches überein. Untersuchungen der jungen Vulkangesteine in der nördlichen Tschechoslowakei und des Baues der Erdkruste am Südrand des Erzgebirges führten dazu, die südlich des Erzgebirgsabbruches gelegene Senkungszone als „Rift“ anzusprechen. Dieses Ohře (Eger)-Rift als bedeutende Struktureinheit im geologischen Bau Mitteleuropas wird in seinem Verlauf durch zwei Haupttiefenbrüche seitlich begrenzt, die V-förmig zueinander mit jeweils 65° durch die Erdkruste bis in den oberen Erdmantel in eine Tiefe von etwa 30 km hinabreichen. Vulkanische Förderungen setzten mit dem Aufdringen melilithreicher Schmelzen vor 60 bis 70 Millionen Jahren auf den Randbrüchen des Nordböhmischen Grabens ein, während die Masse der basaltischen und phonolithischen Ergußgesteine im böhmisch-sächsischen Grenzgebiet deutlich jünger ist.

Wer nicht auf gleichem Weg zur Neumannmühle zurückkehren möchte, kann vom Aufschluß den Roßsteig ein kurzes Stück westlich verfolgen, um dann rechtshaltend in das Gebiet der Bärenfangwände einzutreten. Für den Abstieg in den Kleinen Zschand wird das Hintergründel empfohlen, in dessen oberem Teil die *Marienhöhle* eine ausgesprochene Schichtfugenhöhle über einer wasserstauenden Zwischenschicht darstellt. Weiter unten rühren Sandsteinblöcke und kleinere Trümmer von einem Felssturz aus dem Jahre 1919 her. Am Wandfuß folgt man der roten Markierung in östlicher Richtung. Vorbei am Hinteren Raubschloß (Steiganlage, Überreste mittelalterlicher Befestigung) kommt man schließlich durch die Raubsteinschlüchte wieder auf den Fahrweg Zeughaus-Neumannmühle (Orientierung nach Wanderkarte Kleiner Zschand, 1:10 000, W.-G.-Lohrmann Club Dresden). *Be*

Großer Winterberg und Kipphorn 13

Gemeinde: Bad Schandau, Ortsteil Schmilka
Landkreis: Pirna
Erreichbarkeit: Autobahnausfahrt: Dresden-Altstadt (A 4), auf der B 172 über Pirna und Bad Schandau nach Schmilka, Parkmöglichkeit im Ort; Entfernung: 54 km
Zugänglichkeit: frei zugänglich
Besichtigungsdauer: 3 bis 4 Stunden
Abbildung: S. 17

Die Elblandschaft nahe der Grenze zur Tschechoslowakei wird von dem wuchtigen Bergrücken des Großen Winterberges (552 m ü. d. M.) beherrscht, der den Flußeinschnitt bei Schmilka um rund 430 m überragt. Der Große Winterberg ist nur zu Fuß auf markierten Wanderwegen zu erreichen. Als Aufstieg wird der Wurzelweg, als Abstieg vom Kipphorn der Bergsteig empfohlen. Durch den Ort aufsteigend kommt man an der *Ilmenquelle*, einer aufsteigenden Spaltquelle (Temperatur von 8,4 °C) mit einer Schüttung von 6 l/sec, vorbei. Drei Steilstufen des Wurzelweges sind gesteinsbedingt, in flacheren Wegabschnitten bilden kleinbankige Sandsteine mit Tonzwischenlagen den Untergrund. Der Aufstieg wird von Westen nach Osten durch die Felskulissen der Lehnsteigtürme, Kapellen- und Poblätzschwände umrahmt. Über einer wasserstauenden Zwischenschicht entspringt in 412 m Höhe der Wurzelborn, dessen Wasser wohl aus den basaltischen Blockmassen des Winterberges stammt. Darüber tritt an der Sandsteinwand eine Schrägschichtung größerer Dimension in Erscheinung, deren Einfallen nach Südwesten gerichtet ist. Schließlich wird der seit 1841 mit einem Gasthaus mit Aussichtsturm (z. Zt. leider geschlossen) bestehende Gipfel in südöstlicher Richtung auf dem Fremdenweg und dem Schlußanstieg erreicht. Höhe und Morphologie der Erhebung werden durch den einen Kilometer langen und 100 m breiten Basaltgang bestimmt, der mit Südsüdwest-Nordnordost-Streichen die Oberkreidesandsteinfolge durchzieht. Um das Gasthaus besitzt das jungvulkanische Gestein eine horizontale säulige Absonderung, während die Neigung der Säulen im südwestlichen Teil des Vorkommens steiler wird. Einschlüsse von Sandstein, aber auch von granitischem Material sind nicht selten. Innerhalb des Ganges wechselt die Gesteinszusammensetzung, in randlichen Bereichen mit rascherer Abkühlung der Schmelze ist der Glasanteil hoch, nach der Gangmitte nehmen Plagioklas und Nephelin zu. Alles in allem muß man von einem glasführenden Olivin-Augit-Tephrit sprechen, der vor rund 24 Millionen Jahren im Tertiär aufdrang. Unterhalb des eigentlichen Ganges sind Basaltblöcke in großer Anzahl auf den Flanken noch weit im Sandsteingelände verstreut. Auf dem basaltischen Verwitterungslehm ist im Unterschied zu den Sandsteinstandorten ein Buchenwald entwickelt. In der Strauchschicht kann man Seidelbast antreffen. Artenreichtum bestimmt die Krautschicht, zu der Waldmeister, Zwiebeltragende Zahnwurz, Lungenkraut, Vierblättrige Einbeere, Bergehrenpreis, Ähren-Christophskraut, Waldsanikel, Haselwurz und Hexenkräuter gehören.

Unterhalb des Winterberggipfels und südseitig des breiten Zufahrtsweges befindet sich auf einem Sandsteinriff die *Kipphornaussicht.* Sie vermittelt einen Überblick der wichtigsten Formenelemente des sächsisch-böhmischen Elbsandsteingebirges mit Tafelbergen, Ebenheiten, Taleinschnitten, mehr oder weniger geschlossenen Felsmassiven und Basaltbergen. Der basaltische Rosenberg, die Ebenheit mit den Orten Janov, Arnoltice und Labská

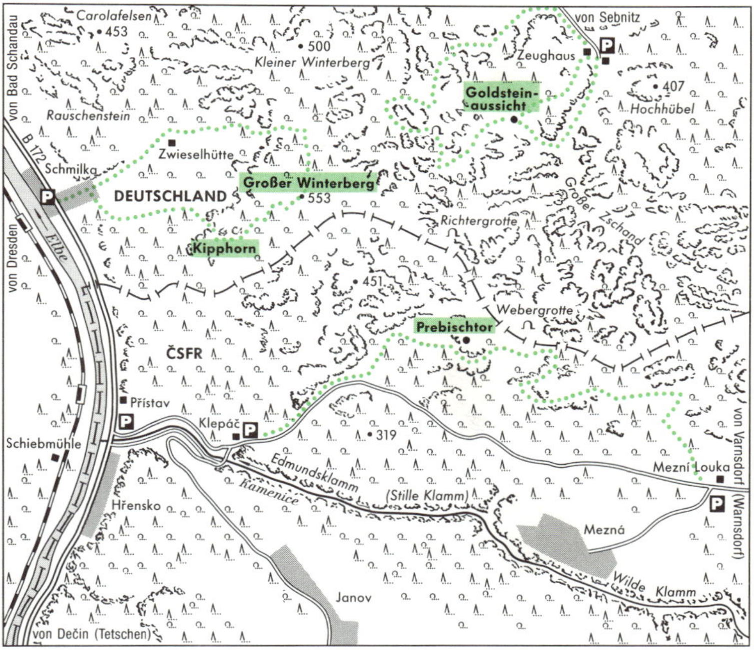

Stran sowie der Taleinschnitt der Kamenice fallen im böhmischen Abschnitt südlich der Winterbergabstürze auf. Unter unserem Standpunkt tut sich der Elbtalcañon auf. Dahinter erstreckt sich im Südwesten die Ebenheit von Schöna und Reinhardtsdorf, auf denen die Tafelbergruinen Zirkelstein und Kaiserkrone sowie etwas ferner Hoher Schneeberg und Zschirnsteine dem Abtragungswerk der Elbe und ihrer Nebenflüsse entgangen sind. In westlicher Richtung ragen über dem Schmilkaer Kessel mit dem massigen Rauschenstein die Schrammsteine über Bad Schandau auf. Basteiwände, Lilienstein und weitere Tafelberge runden das Bild ab.

Für den Abstieg nach Schmilka bieten sich entweder der steile Bergsteig oder die bequemere, aber längere Winterbergstraße an, deren Serpentinen die deutsch-tschechische Grenze tangieren. *Be*

Hockstein – Lausitzer Störung 14

Gemeinde: Hohnstein
Landkreis: Sebnitz
nächste größere Städte: Pirna, Sebnitz
Erreichbarkeit: Autobahnausfahrt: Dresden-Altstadt (A 4), B 172 bis Pirna, Abzweig nach Hohnstein, Parkplatz Polenztal an der Wartenbergstraße; Entfernung: ca. 45 km
Zugänglichkeit: frei zugänglich; liegt im Nationalpark Sächsische Schweiz, Wege dürfen nicht verlassen werden
Besichtigungsdauer: 2 bis 3 Stunden und länger
Abbildung: S. 18

Nur etwa 350 m vom Parkplatz entfernt führt vom Polenztalweg aus ein Steg zum über 100 m aus dem Polenztal aufragenden Hockstein. Kurz bevor der Zugang zur *Wolfsschlucht* erreicht wird, befindet sich rechts des Weges ein prächtig ausgebildeter Schichtfugenüberhang. In dem von Niederschlägen geschützten Sand am Felsboden kann man die trichterförmigen Fangkessel der Ameisenlöwen beobachten. Kurz hinter dem nachfolgenden Eingang zur Wolfsschlucht auf der Seite des Blümelgrundes befindet sich die zur Gruppe der Schichtfugenhöhlen gehörende, 20 m lange und 6 m breite *Hockstein-* oder *Wolfshöhle*. Sie ist stark versandet und die hinteren Höhlenteile sind nur schwer begehbar. Den Sand hat das Niederschlagswasser durch die nach oben offenen Spalten eingespült. Bei Grabungen stieß man auf mehrere übereinander liegende Feuerstellen. Auch konnten zahlreiche Gefäßscherben und Feuersteine geborgen werden. Aufgrund der Funde vermutet man, daß die Höhle mit der mittelalterlichen Besiedlung des Hocksteines im Zusammenhang steht.

In der von der Witterung erweiterten Kluft der Wolfsschlucht, die stellenweise nicht einmal einen Meter breit ist, erreicht man in einem stufenreichen Aufstieg das Hocksteinplateau, das sich in die Hauptplatte und die etwas tiefer liegende Aussichtsplattform gliedert (291 m ü. d. M). Es ist durch den aus dem Polenztal heraufziehenden *Blümelgrund* im Süden und den *Kohlichtgrund* im Norden von der Rathewalder Randebenheit herausmodelliert worden. Im Gegensatz zum Blümelgrund mit beidseitig ausgebildeten Sandsteinwänden, ist der Kohlichtgrund wegen der nahen Grenze zum Granodiorit am Wartenberg nur einseitig wandbildend. Wo die beiden genannten Gründe in den oberen Felspartien zusammenlaufen, wird die dadurch entstandene, etwa 10 m breite Schlucht seit 1821 von der aus Sandstein errichteten „Teufelsbrücke“ überspannt, die den Zugang zum Hockstein von der Wartenbergstraße aus ermöglicht. Sie stellt ein Kulturdenkmal aus der Zeit der Erschließung der Sächsischen Schweiz dar. Jenseits des Polenztales ragt der *Hohnstein* auf als Gegenstück zum Hockstein, der von der gleichnamigen Burg gekrönt wird. In ihr befindet sich die größte sächsische Jugendherberge mit 220 Betten.

Sehr eindrucksvoll ist der Blick von der Aussichtsplattform auf die über 120 m tiefer liegende Talsohle der Polenz. Nur selten wird die Abhängigkeit von Gestein und Talform so überzeugend sichtbar, wie von hier oben, bedingt durch die an der Maimühle das Polenztal querende *Lausitzer Störung*. Im Norden liegt der Westlausitzer Granodiorit mit einem schön geformten Kerbsohlental und bewaldeten, teils mit Klippen durchsetzten mehr oder weniger steil geneigten Hängen. Sein Talboden ist breit, mit Talwiesen bedeckt, das ganze Tal ist hell und lichtdurchflutet. Die darüber aufragenden Kuppen und Rücken sind sanft geneigt. Die einmündenden Seitentäler haben die Form von Kerbtälern, so u. a. der nahe Riesengrund. Der Blick nach Süden zeigt ein völlig anderes Bild. Tief hat sich die Polenz in den Sandstein, dessen Wände senkrecht abstürzen, eingesägt. Der Talboden ist eng, so daß neben dem Bach nur noch ein Wanderweg darauf Platz gefunden hat. Der Sonne gelingt es nur kurze Zeit des Tages, den Talboden zu erreichen. Der Eintritt der Polenz aus dem Granodiorit in den Sandstein zeigt keinen Gefällsbruch. Das Lausitzer Granitmassiv muß sich also so langsam angehoben haben, daß die Tiefenerosion der Polenz ausreichte, um mit der Hebung Schritt halten zu können.

Die vertikal und horizontal gegliederten Felswände des Polenztales im Sandstein gewähren außerdem einen ausgezeichneten Einblick in den geologischen Bau, der durch waagerechte Schichtung und senkrechte Klüftung eine Quaderung des Sandsteins bedingt. Aufgrund ihrer unterschiedlichen petrographischen Ausbildung lassen die Schichten zudem einen Stockwerksaufbau erkennen. Die glatten großbankigen Sandsteinfelsen werden fast durchgehend von Quarzsandstein aufgebaut und sind wandbildend. In die kleinbankigen Schichten hingegen sind tonhaltige Zwischenmittel eingelagert, die im Gesteinsverband infolge ihrer geringe-

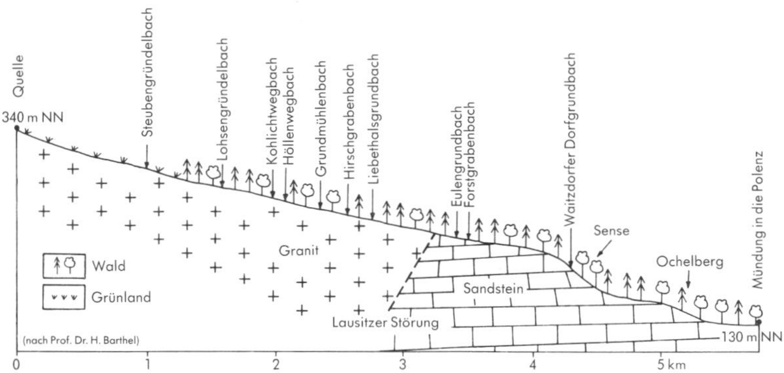

Lausitzer Störung in der Wolfsschlucht

ren geomorphologischen Widerstandsfähigkeit schneller verwittern und zu mehr oder weniger breiten und meist abgeschrägten Felsbändern neigen.

Etwa 8m direkt unter dem Aussichtsfelsen befinden sich die *Hocksteinaugen,* eine Höhle, die mehrere neben- und hintereinanderliegende Hohlräume miteinander verbindet. Sie ist von der gegenüberliegenden Hohnsteiner Talseite gut erkennbar.

Der Hockstein, ein frühgeschichtliches Bodendenkmal, trug wahrscheinlich eine Befestigungsanlage aus der spätmittelalterlichen Burgenzeit (14. und 15. Jh.). Auf den ehemaligen Wehrcharakter läßt auch ein etwa 15 m langer und 2,5 m hoher Erdwall schließen, der sich ca. 80 m vor der Teufelsbrücke links des Weges befindet. Der Zugang zum befestigten Plateau des Hocksteins führte während des Mittelalters über eine Holzbrücke, auf deren Lage gut erhaltene Falze im Gestein unter der Teufelsbrücke schließen lassen.

Die *Wartenbergstraße* hat ihren Namen von dem gegen das Polenztal vorspringenden bewaldeten Granodioritrücken erhalten, an dessen Hang sie sich in zahlreichen großen Kehren mit einer Steigung von 1 : 16 vom Polenztal zur Rathewalder Randebenheit hinaufzieht. Sie wurde in den Jahren 1919/22 gebaut und ersetzte die alte Wartenbergstraße mit einer Steigung von 1 : 4,5. Sie ist von der Polenzbrücke bis zur Hocksteinschänke 2,4 km lang und überwindet einen Höhenunterschied von rund 140 m. Die Straße abwärts gehend erreicht man bald eine Stelle, an der links eine Tafel auf eines der berühmtesten sächsischen geologischen Naturdenkmale aufmerksam macht. Wir stehen an dem Aufschluß der *Lausitzer Störung,* die hier die Wartenbergstraße quert und die Überschiebung des Granodiorits auf den Sandstein zeigt. Weitgespannte Schollenbewegungen der Erdkruste während der Oberkreide und im Tertiär drückten die granitischen Gesteine gegen die Sandsteinsedimente und schoben hier die älteren Granodiorite auf die kretazischen Sandsteine auf.

Schon Anfang des 19. Jh. war diese Aufschiebung bekannt. Der Geologieprofessor B. v. Cotta aus Freiberg wies bereits 1838 nach, daß älterer Granit über jüngerem Sandstein liegt. Damit wurde zugleich der die Gemüter vieler Gelehrter ihrer Zeit berührende Streit zwischen Vulkanisten und Neptunisten, der auch Goethe stark berührte, endgültig zu Gunsten der Vulkanisten entschieden. So ist geologiegeschichtlich die Gegend von Hohnstein sehr bedeutsam geworden.

Durch den Bau der neuen Wartenbergstraße wurde 1922 die geologisch weit berühmte „Lausitzer Überschiebung“ – wie man damals diese tektonische Störung

nannte – angeschnitten und in einem einzigartigen Aufschluß sichtbar gemacht. Bereits vor diesem Aufschluß trifft man bei km 7,8 links der Straße große Harnischflächen mit Rutschstriemungen im anstehenden Sandstein. Sie sind Zeugnis der Zug- und Druckbewegungen. Am Aufschluß erkennt man unten den Sandstein und oben den auflagernden Granodiorit. Die Störung quert den Hang von rechts unten nach links oben. Links unten stehen Sandsteinbänke an. Sie sind hellgelb, stark zerklüftet und nachträglich wieder verkieselt worden. Rechts oben steht der völlig zermalmte, rotbraun verwitterte Granodiorit an. Die Grenze zwischen beiden Gesteinen wird durch eine 20 bis 30 cm mächtige Zone einer grauen tonigen Substanz, die man hier Kontaktgestein nennt, gekennzeichnet. Es ist durch Pressung und Zerreibung beider Gesteine entstanden und hat eine Art Schmiermittel bei den tektonischen Vorgängen dargestellt.
Ebenfalls eine Folge tektonischer Prozesse sind die im Felsboden oder an Felswänden sichtbaren „Quarzadern“. Sie sind Querschnitte von Spaltenfüllungen. In Klüften wurden Sandkörner zerrieben. Die durch den Druck gelöste Kieselsäure verkittete die Körner zu einer sehr harten Quarzlage. Ein so verkieselter Sandstein ist hart und spröde. Quarzadern sind an zahlreichen Stellen in Überschiebungsnähe zu sehen, so vor allem auch auf dem Hocksteinplateau und dem Hohnsteiner Burgfelsen.
Die Wartenbergstraße weiter abwärts gehend erreicht man bald die Talsohle der Polenz, wo von links der *Riesengrund* einmündet. An seinem Eingang steht links eine prächtige alte Fichte. Das im Granodiorit angelegte Tälchen besitzt einen typischen V-förmigen Querschnitt mit steilen bewaldeten Hängen. In ihm fließt ein im allgemeinen nur wenig Wasser führender Wildbach. Der schmale Grund wird von einem reich mit Johanneswedel bestandenen Schluchtwald gebildet, in dem vorwiegend Rotbuche und Bergahorn bestandsbildend sind. An den Hängen dominieren Rotbuche sowie ergänzend Bergahorn, Spitzahorn, Winterlinde und Hainbuche. Der Riesengrund ist ein Teil des rund 100 ha großen Naturschutzgebietes *Zeschnigleiten* am Westhang des Polenztales. Es dient dem Schutz einer arten- und edellaubholzreichen Hangwaldgesellschaft auf Lausitzer Granodiorit. Unmittelbar nördlich des Naturschutzgebietes verläuft die Südgrenze der nordischen Geschiebe. Sie markiert die Eisrandlage der Elstervereisung. *Ba/Pr*

Hohnsteiner Rundweg 15

Gemeinde: Hohnstein
Landkreis: Sebnitz
nächste größere Stadt: Pirna
Erreichbarkeit: Autobahnausfahrt: Dresden-Altstadt (A 4), B 172 bis Pirna, Abzweig nach Stolpen/Hohnstein, Parkplatz Hohnsteiner Markt, Entfernung: 46 km
Zugänglichkeit: frei zugänglich; verläuft zum größten Teil im Nationalpark Sächsische Schweiz, Wege dürfen nicht verlassen werden
Besichtigungsdauer: 2 bis 3 Stunden und länger (Wegemarkierung grüner Strich auf weißem Quadrat)
Abbildungen: S. 38

Hohnstein ist ein kleines Bergstädtchen mit rund 1000 Einwohnern. Wahrzeichen der Stadt ist die Burg, die erstmalig 1353 urkundlich erwähnt wird. Sie war einst Stammsitz der böhmischen Feudalherren der Berken von der Duba. Seit 1948 dient sie nach einer sehr wechselvollen Geschichte (Gefängnis, Jagdschloß, Jugendherberge, Konzentrationslager, Kriegsgefangenenlager, Obdachlosenasyl) wieder als Jugendherberge. An drei Seiten von schroffen Felsabstürzen umgeben, erhebt sie sich auf einem schmalen Sandsteinplateau über dem Polenztal, dem Schindergraben und dem Bärengarten. Nur vom Marktplatz her, der auf einem schmalen Sattel liegt, der den Burgfelsen mit dem sich im Norden breit entfaltenden Galgenberg verbindet, ist die Burg zugänglich. Was die Stadt geologisch besonders interessant macht, ist die mitten durch das Stadtgebiet verlaufende *Lausitzer Störung*. Aus dem Polenztal heraufziehend verläuft sie unmittelbar nördlich vom Marktplatz in Richtung südlicher Hangfuß der Napoleonschanze. Die Gebäude nördlich dieser Gesteinsgrenze stehen auf Granodiorit, die südlich davon auf Sandstein. Der Granodiorit ist einigermaßen gut aufgeschlossen in einem verlassenen Steinbruch in unmittelbarer Nähe der Straßengabel Bad Schandau/Neustadt am östlichen Stadtrand.

Der alte Hohnsteiner Stadtkern um den Marktplatz und Teile der Oberen Straße stehen unter Denkmalschutz. Die kulturhistorisch wertvollsten Bauwerke sind die von GEORGE BÄHR, dem Schöpfer der Dresdner Frauenkirche, erbaute barocke Stadtkirche (1725–1728) und die prachtvollen Fachwerkhäuser der Apotheke am Markt und des Rathauses am Eingang zum Bärengarten, das bereits 1688 erbaut wurde, jedoch erst 1917 die jetzige Funktion erhielt.

Der Hohnsteiner Rundweg, zum Teil als Lehrpfad angelegt, beginnt am Marktplatz und führt zunächst am Rathaus vorbei abwärts in Richtung Polenztal in den ehemaligen *Bärengarten*. Dieser liegt in einer Schlucht zwischen dem Burgfelsen und den Wänden der Hohnsteiner Randebenheit. Er wurde 1609 auf Anweisung des sächsischen Kurfürsten CHRISTIAN II. zur Aufzucht und Pflege von Bären angelegt. Der an Vergnügungen gewöhnte Dresdner Hof brauchte sie für Tierhetzen im Schloßhof und auf dem Altmarkt. Die Schlucht wurde durch eine obere und untere mehrere Meter hohe Steinmauer abgeriegelt. Nach der Aufgabe des Bärengartens 1756 verfielen die Sperrmauern. Von der oberen stadtnahen Mauer sind nur noch wenige Reste links oben an der Felswand zu sehen. Die untere Mauer mit der Bärenfanganlage am Ausgang des Hohnsteiner Wassers ist dagegen durch das ganze schluchtartige Tal zu verfolgen. Wir biegen nun links in den Halbenweg ein, der zur Gautschgrotte führt. Er ist auf einem bandartig ausgebildeten schmalen Felssockel angelegt, der den oberen Absturz der Hohnsteiner Wände zum Polenztal von den unteren trennt. Das vom Weg benutzte Felsband ist auf einer leicht verwitterbaren Sandsteinschicht angelegt. In diesem Niveau liegt in einer Seitenschlucht des Polenztales, die „Kaltes Loch“ genannt wird, in ca. 110 m über dem Bachlauf, die *Gautschgrotte* (geologisches Naturdenkmal). Sie bildet einen in den unteren Gesteinspartien höhlenartig erweiterten Talschluß von seltener Schönheit. Ein Felsüberhang von ca. 40 m Breite überdeckt gewölbeartig die darunterliegenden ausgeräumten Teile, die einer geomorphologisch weniger widerstandsfähigen Sandsteinschicht (Horizont δ2) angehören. Die chemische und physikalische Verwitterung ist besonders im rechten Grottenteil sehr ausgeprägt, wie abgestürzte Sandsteinblöcke erkennen lassen. An vielen Stellen ist eine intensive Wandverwitterung durch Absandung zu beobachten. An der Oberkante des Felsüberhanges tritt aus einem Quellhorizont Wasser aus. Der zeitlich stark schwankende Zufluß kommt von der staublehmbedeckten Hohnsteiner Randebenheit und dem unmittelbar benachbarten Granitgebiet der Napoleonschanze. In sehr kalten Wintern entstehen dann bis zu 18 m hohe großartige Eisbildungen, die ähnlich den Stalagmiten und Stalaktiten in den Tropfsteinhöhlen zusammenwachsen. Von den herabhängenden „Eisstalaktiten“ tropft fortwährend Wasser auf dem Grottengrund. Hier gefriert es und von unten nach oben wachsen mannigfach geformte „Eisstalagmiten“, die sich allmählich vereinigen und prächtige Eissäulen und Eisvorhänge von imposanter Größe bilden. Der ehemalige Gebirgsverein der Sächsischen Schweiz hat 1881 diesen einzigartigen grottenartigen Talschluß mit einer Gedenktafel versehen, die den Namen des um die Erforschung der Sächsischen Schweiz verdienten Rechtsanwalts KARL GAUTSCH trägt. Infolge zunehmender Felssturzgefahr ist das Betreten der Halbhöhle seit einigen Jahren nur in den Sommermonaten gestattet. In der Zeit vom 1. 10. bis 15. 5. darf sie nicht betreten werden.

Dem windungsreichen Halbenweg weiter folgend erreicht man nach etwa 30 Minuten Wanderung einen ehemaligen Sandsteinbruch. Seine vom Abraum bedeckte Bruchsohle ist bereits zum größten Teil von Fichten, Kiefern und Birken bestockt. An der linken hinteren Felswand, die vom Bruchbetrieb nicht erfaßt wurde, befindet sich der sog. *Diebskeller*, eine große Schichtfugenhöhle. Sie besitzt eine bogenförmige Form und ist 25 m breit, 10 m tief und 3,40 m hoch, dabei sich nach hinten zu bis auf 1,40 m Höhe verjüngend. In der Mitte des Einganges tritt an der Höhlendecke Tropfwasser aus. An den Felswänden rechts von dieser Höhle sind in seltener Schönheit großflächig Formen der Wabenverwitterung ausgebildet.
Von der Bruchsohle aus steigen wir über den Steinbruchsweg zur *Hohnsteiner Randebenheit* auf. Hier wechseln auf kurzen Strecken unterschiedlich zusammengesetzte Waldbestände einander ab. In unmittelbarer Nachbarschaft alter Buchenbestände stehen junge Fichtenkulturen, an anderer Stelle treffen wir auf ältere Nadelwaldforsten und auf den nahen Felsstandorten stockt Kiefern-Birken-Wald mit Heidel- und Preiselbeerunterwuchs oder dichten Wurmfarnbeständen. Auf dem weiteren Weg queren wir die Lausitzer Störung. Während wir uns auf dem Lupinenweg noch im Sandstein bewegen und rechts des Weges die Felswände steil zum Forstgraben abfallen, begeben wir uns am Abzweig zum Ringflügelweg in das Granodioritgebiet mit steilen Hängen. Die *Napoleonschanze* erreichen wir auf der letzten Wegstrecke über einen Wiesenpfad. Die Granodioritkuppe der Napoleonschanze wird von einem 3 bis 4 m hohen Erdwall umgeben, der nach Südwesten zu geöffnet ist. Es ist eine in ihrem ursprünglichen Umfang nur wenig veränderte Erdbefestigung aus der Zeit der napoleonischen Kriege. Sie wurde zur militärischen Sicherung der von Königstein nach Stolpen führenden Ziegenrückstraße (später Kaiserstraße genannt) und der strategisch wichtigen Straße durch das tiefe Polenztal im Sommer 1813 errichtet. Die Napoleonschanze bietet eine reizvolle Aussicht. Nach Süden zu sind annähernd alle aus den Ebenheiten aufragenden Tafelberge der Sächsischen Schweiz sichtbar. Der Lilienstein (415 m) in seiner modellhaften Tafelbergform tritt dabei am markantesten ins Blickfeld. Links von ihm erheben sich Pfaffenstein (427 m), Gohrisch (448 m), Papststein (451 m), Kleinhennersdorfer Stein (389 m), die Lasensteine (363 m bis 398 m) und Großer und Kleiner Zschirnstein (562 m und 473 m). In einer Entfernung von etwa 20 km Luftlinie ragt im Hintergrund der langgestreckte und bereits in der F SFR liegende Große Schneeberg (721 m) auf. Rechts vom Lilienstein erheben sich Königstein (360 m) mit der Festung und die Bärensteine (329 m und 338 m) und Rauensteine (304 m). Südlich der tafelbergartigen Steine setzt der sanfte Anstieg zum linkselbischen Bergland der Sächsischen Schweiz und südwestlich zum Osterzgebirge an. Bei guter Fernsicht schweift der Blick bis hinauf zum Kamm des Gebirges. Die aus Basalt aufgebaute Kuppe des Geisingberges (824 m) bei Altenberg und der aus sehr widerstandsfähigem Rhyolith bestehende langgestreckte Kahleberg (901 m) sind dann gut sichtbar und lassen die anders geformte Landschaft des Osterzgebirges erkennen. Im Südosten erheben sich in greifbarer Nähe die Waitzdorfer Höhe (414 m) und der basaltbedeckte Gickelsberg (413 m) bei Goßdorf. Zwischen beiden Kuppen sind im Hintergrund die Schrammsteine, der Große und Kleine Winterberg (552 m und 500 m) und die Basalt- und Phonolitkuppen in Böhmen mit dem Rosenberg (619 m) sichtbar. In nordöstlicher Richtung ragen der Tanzplan (596 m) bei Sebnitz und der Unger (538 m) bei Neustadt auf. Nach Norden schweift der Blick zu den Kuppen, Hügeln und Rücken des Westlausitzer Berg- und Hügellandes. Fruchtbare Fluren aus granitischen Verwitterungsböden mit hohem Lößlehmanteil sind dominierend. Nur die Kuppen der Berge mit ihren grobblockreichen Böden tragen größere zusammenhängende Waldbestände. Die langgezogenen Waldhufendörfer sind in flachen Quellmulden eingebettet. Der

nahe *Galgenberg* nordöstlich von Hohnstein (376 m) ist eine flache Granitkuppe, die von einer geringmächtigen Scholle schiefrigen Grauwackenhornfelses überdeckt wird.
Nach Hohnstein zurück benutzen wir den markierten Pfad, der durch ein Granittälchen am Nordwesthang der Napoleonschanze führt. *Ba*

Kaiserkrone und Zirkelstein 16

Gemeinde: Reinhardsdorf-Schöna, Ortsteil Schöna
Landkreis: Pirna
nächste größere Stadt: Pirna
Erreichbarkeit: Autobahnausfahrt: Burkau (A 4), Landstraße über Bischofswerda, Neustadt, Sebnitz und Bad Schandau nach Schöna; Entfernung: rd. 50 km
Vom Bahnhof Schöna (Strecke Dresden-Schöna) ca. 1 km aufsteigend zum Ort Schöna oder von Pirna auf der B 172 bis zur Elbbrücke bei Bad Schandau-Rathmannsdorf, aber vor Überquerung der Elbe rechts abbiegen und der über Krippen und Reinhardsdorf führenden Straße bis Schöna folgen; auch mit Bus erreichbar
Zugänglichkeit: frei zugänglich
Besichtigungsdauer: je 2 Stunden
Abbildung: S. 40

Von den meisten Aussichtspunkten des Elbsandsteingebirges nehmen sich unter den freistehenden „Steinen" die beiden kleinen Felsberge Kaiserkrone und Zirkelstein besonders merkwürdig aus. Im Gegensatz zu den sonst schroffen Formen des Sandsteingebirges erheben sie sich von fern gesehen fast zierlich über die Feldbreiten der Ebenheit von Schöna in unmittelbarer Nähe des Ortes. Als Reste der einstigen ausgedehnten und mächtigen Sandsteinplatte, aus der das gesamte Gebirge erosiv herausmodelliert wurde, deuten sie auf das Schicksal hin, das einst auch den jetzt noch größeren Felsbergen vor ihrer völligen Abtragung zuteil werden wird. Beide Restberge zeigen sogar zwei unterschiedliche Spätstadien der Abtragung, indem beim Zirkelstein, dessen ebenmäßige Form an das entsprechende Zeichengerät erinnert, noch eine markante Felskrone, wenn auch nur von geringem Umfang, vorhanden ist, während sich die restlichen Felszacken der Kaiserkrone kaum noch wesentlich über den Baumbestand des Fußhanges hinaus erheben.
Die *Kaiserkrone* liegt unmittelbar am Ortsrand von Schöna. Man erreicht sie, indem man vom Lindencafe aus dem Aschersteig folgt, von dem bald links der Aufstiegsweg abzweigt. Wo über dem Fußhang, der den kleinbankigen Sandsteinstufen c 1/c 2 (Mittelturon) angehört, die die Felskrone bildende großbankige Sandsteinstufe c 3 (Oberturon) aufsetzt, ist ein intensiver Auswitterungshorizont entstanden. Die chemische Zerstörung des Sandsteinbindemittels wird durch abkrümelnden Sand und weiße Alaunkrusten angezeigt, wobei mechanische Verwitterungsprozesse, besonders im Winter, mitwirken. Durch erweiterte Felsklüfte sind drei einzeln besteigbare Felsen (die drei Zacken der Krone) voneinander abgetrennt. Wie erheblich der Mensch bei der Zerstörung mitwirkt, zeigen die stark ausgetretenen Felsplateaus, besonders das mittlere um die Wetterfahne herum. Jeder Felsen bietet gute Ausblicke, die allerdings vom benachbarten Zirkelstein übertroffen werden. Eine Merkwürdigkeit bietet der südliche Felsen, wo neben der Aufstiegstreppe zwei aus dem anstehenden Sandsteinfels herausgemeißelte Löwen zu bemerken sind. Wenngleich man Deutungen versucht hat, sind weder der Schöpfer, noch das Alter und die Bedeutung der Skulpturen bekannt.
Der benachbarte *Zirkelstein* ist von Schöna aus ebenfalls leicht erreichbar. Von einem kleinen Platz nahe dem Ortsende führt ein bezeichneter Weg durch Wiesen in 10 bis 15 Minuten an den bewaldeten Fußhang heran, wo links der Aufstieg abzweigt. Der Aufbau im unteren Teil entspricht dem der Kaiserkrone, jedoch gehört der obere Teil der Felskrone der

großbankigen Sandsteinstufe d (Oberturon) an. Der Grenzhorizont γ3, der die Stufen c3 und d voneinander trennt, ist hier durch ein Felsenband mit Auswitterungshorizont deutlich ausgeprägt. Auf ihm wird der über Eisenleitern erfolgende gut gesicherte Aufstieg durch einen kurzen horizontalen Quergang unterbrochen. Die Plattform der isolierten und vegetationsfreien Felskrone bietet einen allseitigen und infolge der Grenznähe besonders eindrucksvollen Ausblick sowohl über den sächsischen wie auch den böhmischen Anteil des Elbsandsteingebirges. Nach Norden blickt man auf die Kaiserkrone, an deren westlichem Fuß Schöna und das sich anschließende Reinhardtsdorf liegen. Die ausgedehnten Feldbreiten um diese Dörfer herum weisen auf eine Lehmbedeckung der Ebenheit hin. Wo diese fehlt, setzen Nadelwälder ein. Hinter der Kaiserkrone zerschneidet der zur Elbe hinabführende Hirschgrund die Ebenheit. Jenseits des tief eingeschnittenen Elbtalcañons aber blickt man auf das Schrammsteinmassiv mit seinen schroffen Felswänden und -türmen, wo eine deutlich ausgeprägte Terrasse die großbankigen Sandsteinstufen d und e voneinander trennt. Links von den Schrammsteinen erstrekken sich, etwas weiter entfernt, die sanfteren Bergformen des Lausitzer Granitgebietes. Im Nordosten überragen die freistehenden „Steine" des mittleren Elbsandsteingebirges die Ebenheiten: hinter dem niedrigen bewaldeten Wolfsberg die Lasensteine und der Kohlbornstein, weiter entfernt Gohrisch und Papststein, Pfaffenstein, Königstein und Lilienstein und schließlich die Bärensteine. Im Südosten aber wird der Ausblick durch den mächtigen Rücken des Großen Winterberges mit seinen schroff nach Süden abfallenden Felsmassiven der Silber-, Prebisch- und Flügelwände beherrscht. Man kann von hier aus sogar nahe den Prebischwänden das berühmte böhmische Felsgebilde des ↑Prebischtores (Pravčická brána) entdecken. Rechts davon aber erheben sich die Kuppen der böhmischen Basalt- und Phonolithberge, allen voran die eindrucksvolle Kuppe des Rosenberges (Ružová hora). Vor ihm aber hat sich die Elbe ein schluchtenartiges Tal eingeschnitten, das man aufwärts bis zum Elbdurchbruch bei Tetschen (Děčín) verfolgen kann. Im Südwesten schließlich erheben sich aus einem ausgedehnten Teppich dunkler Wälder die beiden Zschirnsteine. Beide sind durch eine sattelartige Einsenkung, nach der hin sich ihre Felsplateaus neigen, getrennt. Weiter im Hintergrund erblickt man den höchsten und größten Tafelberg des Elbsandsteingebirges, den schon im Gebiet der ČSFR liegenden 721 m hohen Hohen Schneeberg (Děčinský Sněžník). Es ist möglich, von hier aus im Rahmen einer Tagestour auf dem sog. Marktweg, vorbei an der Schiebquelle, in ca. 1 Stunde das Zschirnsteingebiet zu erreichen (↑Zschirnsteine). *Ra*

Kirnitzschtal 17

Gemeinde: Bad Schandau
Landkreis: Pirna
nächste größere Städte: Pirna, Sebnitz
Erreichbarkeit: Autobahnausfahrt: Dresden-Altstadt (A4), auf der B172 über Pirna bis Bad Schandau; Entfernung: 46 km
Auf der Landstraße von Bad Schandau auch mit der Kirnitzschtalbahn durch das Kirnitzschtal bis zur Einmündung des Nassen Grundes
Zugänglichkeit: auf Wanderwegen frei zugänglich
Besichtigungsdauer: 3 Stunden
Abbildungen: S. 39 und 40

Die Kirnitzsch, die bei Studanka (Schönborn) unweit Rumburk in Nordostböhmen entspringt und eine Länge von knapp 45 km besitzt, mündet in Bad Schandau in die Elbe. In ihrem Unterlauf hat sie sich ein Tal in unmittelbarer Nachbarschaft der Lausitzer Störung teilweise im Sandstein, aber auch im Granodiorit geschaffen. Steilwandige Felsen begrenzen die Talschlucht im Sandsteinbereich, während im Granodioritteil breitere Talböden mit geböschten Hängen entwickelt sind. Unterhalb der Einmündung des *Nassen Grundes* bis über die Ostrauer Mühle hinaus bestimmen die Granodiorite das Landschaftsbild. Geringe Kupfervererzungen gaben gerade in diesem Abschnitt um 1571 und später während des 18. und 19. Jh. Anlaß zu Bergbauversuchen, die jeweils nach kurzer Zeit aufgrund zu geringer Ausbeute eingestellt wurden. Die Kirnitzsch hatte zwischen dem 15. Jh. und etwa 1940 erhebliche Bedeutung für das „Triften", d. h. den Transport unverbundener Baumstämme auf dem Wasserweg. Von Bad Schandau bis zum Beuthenfall verläuft über den alten Flößersteig ein naturkundlicher Lehrpfad. In der fischreichen Kirnitzsch waren zu früheren Zeiten Lachse nicht selten; heute stellt sie ein ausgezeichnetes Forellengewässer mit Bach- und Regenbogenforellen sowie Äschen dar.

Die Krustenbewegungen, die am Ende der Kreidezeit die Anhebung des granodioritischen Blockes der Lausitz und die Lausitzer Störung mit einer Sprunghöhe von etwa 600 m zur Folge hatten, bewirkten auch Schichtverstellungen im benachbarten Sandstein. Gerade an der Einmündung des Nassen Grundes in das Kirnitzschtal fallen Sandsteinbänke auf, die durch ein ungewöhnliches Einfallen von 22° nach Ostsüdost gekennzeichnet sind. Sickerwasseraustritte und Quellen, deren Wasser durch diese Schichtneigung aus dem Gebiet der Kleinen und Hohen Liebe zugeführt wird, sind deshalb für den Nassen Grund typisch. Im Winterhalbjahr kommt es häufig zur Bildung schöner Eisgalerien. Ein Born ist nach Prof. OTTO BEYER benannt, der sich zu Beginn dieses Jahrhunderts um die Erforschung der Quellen des Elbsandsteingebirges verdient gemacht hat.

Der Aufstieg aus dem Nassen Grund zur *Hohen Liebe* führt in westlicher Richtung durch eine Schlucht, in deren unterstem Teil Günthers Börnel zutage tritt. Der 401 m hohe Gipfel der Hohen Liebe verdankt seine für Sandstein ungewöhnliche Form der durch die Lausitzer Störung bedingten Schrägstellung mit einer Schichtneigung von maximal 30° nach Südsüdost. Vom höchsten Punkt (Bergsteigerehrenmal) fällt der Blick auf Falkenstein und Schrammsteine, die die ursprüngliche, mehr oder weniger horizontale Schichtung bewahrt haben. Die sog. *Teufelsmauer*, die sich unterhalb des Gipfels in südwestlicher Richtung verfolgen läßt, weist ebenfalls ein steiles Einfallen nach Südosten auf. Als weitere Spuren der tektonischen Beanspruchung treten an ihr Quarzadern, Harnische und zahlreiche Klüfte in Erscheinung. Am unteren Ende der Teufelsmauer führt durch das Liebentor in südlicher Richtung ein Weg zum breiten Wenzelweg, auf dem man über den Königsplatz den Nassen Grund und somit den Ausgangspunkt der Wanderung erreicht. *Be*

Königsplatz 18

Gemeinde: Hinterhermsdorf
Landkreis: Sebnitz
nächste größere Stadt: Sebnitz
Erreichbarkeit: Autobahnausfahrt: Burkau (A 4), Landstraßen über Bischofswerda, Neustadt und Sebnitz nach Hinterhermsdorf; Entfernung: 40 km
Von Dresden auf der B 172 über Pirna bis Bad Schandau. Kirnitzschtalaufwärts führt von hier eine Landstraße direkt nach Hinterhermsdorf; aus der Ortsmitte auf einem Fahrweg in südlicher Richtung zum Parkplatz an der Buchenparkhalle
Zugänglichkeit: frei zugänglich
Besichtigungsdauer: 1 bis 2 Stunden

Die 434 m hohe Aussichtswarte Königsplatz auf einem nach Südwesten vorspringenden Sandsteinsporn wurde zwischen 1836 und 1845 zugänglich gemacht und stellte einen bevorzugten Besuchspunkt des durch sein Interesse an Geologie und Botanik bekannten Königs FRIEDRICH AUGUST II. von Sachsen (1797–1854) dar. Im Vordergrund des sich anschließenden Wald-, Sandsteinfels- und Basaltbergpanoramas erhebt sich jenseits des

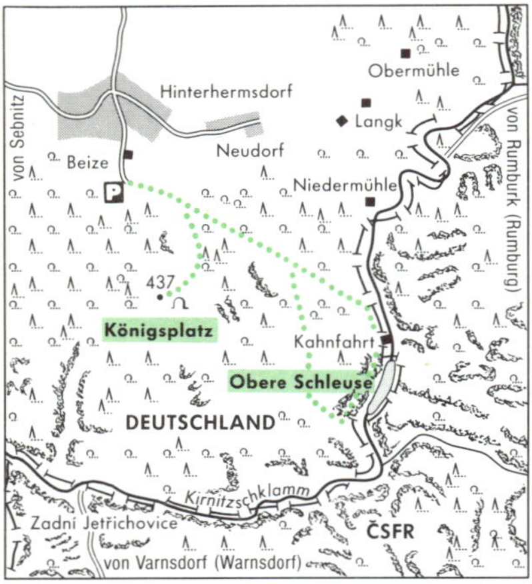

Taleinschnittes der Kirnitzsch im Südwesten der 460 m hohe *Raumberg.* In ihm ist die Quellkuppe eines Vitro-Olivin-Augit-Basaltes angeschnitten. Eine Nephelinführung des Gesteins ist für den unter der Bezeichnung „Sonnenbrenner" bekannten Zerfall verantwortlich. Das durch nur wenige Wege erschlossene Gebiet des Raumberges ist gelegentlicher Aufenthaltsort von Gemsen. Zwischen 1937 und 1939 wurden in einem Gatter in der Nähe des Zeughauses Gemsen aus bayerischen Forstämtern ausgesetzt. Schon vorher war zwischen 1907 und 1913 im benachbarten böhmischen Grenzgebiet um den Ort Dittersbach ein Gamsbestand eingebürgert worden. Seit 1942 muß es zur Kontaktaufnahme der in Sachsen und Böhmen beheimateten Tiere gekommen sein. In der Folgezeit wurden mehr und mehr die abseits des Touristenstromes gelegenen Basaltberge zum bevorzugten Einstandsgebiet der Alpengemsen. Dazu gehörte mit wenigen Individuen der Raumberg, im benachbarten Böhmen mit Rudelverbänden der *Kaltenberg* (Studeny vrch), der vom Königsplatz in südöstlicher Richtung ebenfalls sichtbar ist. Hinter dem Raumberg fallen die Torwalder Wände und darüber der Große und der Kleine Winterberg auf. Um den Kaltenberg präsentieren sich weitere tertiäre Vulkanruinen des östlichen Böhmischen Mittelgebirges und Kreibitzer Gebirges mit dem Tannenberg im Osten, an klaren Tagen ragt die Lausche im Zittauer Gebirge heraus. Schließlich blickt man in südlicher Richtung in die Sandsteinlandschaft um den böhmischen Ort Jetřichovice (Dittersbach) hinein. Zur touristischen Attraktion des Königsplatzes gehörte um die Jahrhundertwende auch der unterhalb durch eine Steiganlage zugänglich gemachte *Dreibrüderstein,* der heute aber nur noch Kletterern als Ziel vorbehalten ist. *Be*

Königstein, Festung 19

Gemeinde: Königstein
Landkreis: Pirna
nächste größere Stadt: Pirna
Erreichbarkeit: Autobahnausfahrt: Dresden-Altstadt (A 4) auf der B 172 über Pirna in Richtung Königstein, jedoch vorher nach rechts abbiegen zur Festung (Bushaltestelle an der B 172); Entfernung: 40 km
Vom Bahnhof in Königstein auch Wanderweg zur Festung
Öffnungszeiten (Festung): täglich 9.30 bis 17 Uhr; sonst frei zugänglich, aber gegen Eintrittsgebühr
Besichtigungsdauer: je nach Interessen mehrere Stunden
Abbildung: S. 57

Der Königstein ist neben dem ihm jenseits des Elbtales gegenüberliegenden Lilienstein wohl der eindrucksvollste der freistehenden Felsberge des Elbsandsteingebirges. Er erhebt sich über einem zwischen dem Elbtal und dem Bielatal weit nach Osten vorgreifenden Ausläufer der Ebenheit von Struppen bis zu einer Plateauhöhe von 360,6 m. Während der Fußhang, der den tieferen Teilen der Sandsteinstufe c angehört, nur an der Westseite deutlich ausgebildet ist, geht er nach den Flußtälern zu in deren Talhänge über, die das gesamte mittlere Turon umfassen (Stufen a, b, c) und im Elbtal sogar das hier leicht aufgewölbte Unterturon (Labiatussandstein) anschneiden. Die Felskrone aber gehört der großbankigen oberturonen Stufe d an. Unter den „Steinen" des Elbsandsteingebirges nimmt der Königstein jedoch eine weithin bekannte Sonderstellung ein: Auf seinem 9,5 ha großen Sandsteinplateau wurde im ausgehenden Mittelalter und in der beginnenden Neuzeit der bedeutendste Festungsbau Sachsens errichtet. Dazu wurden auch, um Erstürmungsversuche zu verhindern, die natürlichen hoch aufragenden Felswände teilweise mit Mauerwerk geglättet und Klüfte auszementiert. Das Felsplateau aber, auf dem sich Wehr-, Schutz- und Wohnbauten befinden, wurde mit einem Mauerring mit Wachtürmen umgeben.

Die erste bekannte Erwähnung des Felsberges stammt aus dem Jahre 1241, als der Böhmenkönig WENZEL I. die Lausitzer Grenzurkunde, in welcher der Grenzverlauf zwischen dem Königreich Böhmen und dem Bistum Meißen festgelegt wurde, unterschrieb. Der Name „Chunigstein" (Königstein) erscheint erstmals 1336. Für 1359 ist sogar ein Aufenthalt Kaiser KARLS IV. auf dem Königstein erwähnt, wonach ein älterer Gebäudeteil den Namen Kaiserburg erhielt. Durch Verpfändungen wechselte der Königstein in der Folgezeit mehrfach den Besitzer und gelangte in die Hände der DONINS, Wiedersacher der Meißener Markgrafen. Besitzstreitigkeiten führten zur Dohnaischen Fehde, in der die Meißener Markgrafen den Königstein einnahmen, nochmals abgeben mußten, aber 1408 endgültig in Besitz nahmen. Unter wettinischer Herrschaft wurde die wehrhafte Bedeutung des Königsteins anfangs gering eingeschätzt. Herzog GEORG DER BÄRTIGE veranlaßte sogar 1515 die Anlage eines Klosters, jedoch ging dieses in den Wirren der Reformationszeit schon 1524, noch vor Vollendung der Bauten, wieder ein. Bedeutungsvoll für das heutige Bild des Königsteins wurde jedoch die Anordnung des Kurfürsten AUGUST, den Königstein zu einer Festung auszubauen. Zwar hatte er schon früher wehrhafte Gebäude besessen, wie die alte Kaiserburg. Sie mußten jedoch allesamt den in der Folgezeit entstehenden Wehr-, Schutz- und Repräsentationsbauten weichen oder gingen in sie auf. Wichtig für eine langzeitliche Verteidigungsbereitschaft war natürlich die ständige Verfügbarkeit von Wasser. Deshalb gab Kurfürst AUGUST 1562 den Befehl zur Abteufung eines Brunnens, die im folgenden Jahr unter Leitung des Freiberger Bergmeisters MARTIN PLANER begonnen wurde. Freiberger und Marienberger Bergleute arbeiteten sich in den Jahren 1563–1569 mühevoll in die Tiefe, wo bei 139 m aus einer tonigsandigen Einschaltung (wohl unterer Teil der Stufe c) ein Wassereintritt erreicht wurde. Der Brunnen wurde noch bis 152,7 m vertieft, wobei seine Sohle noch 88 m über dem Elbespiegel liegt. Das Wasser wurde anfangs in einem Seilkübel gefördert, der durch einen Pferdegöbel, später durch ein Tretrad betrieben wurde, ehe neue Techniken an deren Stelle traten. Der eigentliche Festungsbau aber wurde erst 1589 unter Kurfürst CHRISTIAN I. begonnen. Unter Leitung des Festungsbaumeisters BUCHNER arbeiteten Hunderte von Handwerkern und Fronarbeitern an der Befestigung und am Ausbau des Felsberges. Anstelle eines älteren Aufstieges wurde der jetzige Zugangstrakt im Bereich der alten Kaiserburg geschaffen und durch ein Torhaus mit Sperrwerken und Verteidigungsanlagen, Gräben und Zugbrücken, mehrfach gesichert. Dazu kam die Christiansburg. Nach dem Tode CHRISTIANS I. ruhten die Arbeiten zeitweilig. Erst 1619 wurden sie wieder aufgenommen und im folgenden Jahr die spätgotische Kaiserburg in einen Renaissancebau umgestaltet, der nun, nach Kurfürst JOHANN GEORG II. den Namen Georgenburg erhielt. 1621/22 entstand die Magdalenenburg, in deren geräumigem Kellergewölbe sich als einstige Kuriositäten die großen Königsteiner Weinfässer befanden, deren größtes, allerdings erst im Auftrag AUGUSTS DES STARKEN 1723/25 nach einem Entwurf DANIEL PÖPPELMANNS geschaffenes und kunstvoll verziertes, 2498 hl faßte. In Verbindung mit weiteren Ausbauten wurde unter dem kunstsinnigen AUGUST DEM STARKEN mancher repräsentative Zierrat hinzugefügt, wie das Medusentor oder die barocke Umgestaltung der Christiansburg an der Nordostmauer, nun in Friedrichsburg umbenannt. Die Entwicklung der Waffen- und Verteidigungstechnik veranlaßte in der Folgezeit weitere militärische Ergänzungsbauten, besonders aber den Ausbau „bombenfester" Kasematten. Trotz alledem hat der Königstein nie eine bedeutsame strategische Rolle gespielt. Zeitweilig diente er in Kriegszeiten dem sächsischen Hof als Zuflucht oder Auslagerungsort für Kunstschätze und den Staatsschatz oder aber für die Abhaltung höfischer Festlichkeiten. Eine gewisse Bedeutung erlangte er jedoch als Staatsgefängnis. Unter den zahllosen Inhaftierten wurde hier der sächsische Kanzler NIKOLAUS KRELL 1591–1601 wegen „calvinistischer Umtriebe" festgehalten, ehe er in Dresden hingerichtet wurde. Der berühmteste Gefangene auf dem Königstein dürfte jedoch 1606/07 der Alchimist JOHANN FRIEDRICH BÖTTGER gewesen sein, von dem AUGUST DER STARKE zunächst glaubte, daß er Gold herstellen könne. Lange Zeit experimentierte Böttger vergeblich. Dennoch gelang ihm schließlich gemeinsam mit seinem Betreuer TSCHIRNHAUS der große Wurf mit seiner bedeutsamen Auswirkung auf die sächsische Wirtschafts- und Kulturgeschichte: die Herstellung des ersten europäischen Porzellans. Groß ist auch die Zahl der bekannten und unbekannten politischen Gefangenen, unter ihnen AUGUST BEBEL. Besonderes Aufsehen erregte es schließlich, als während des Zweiten Weltkrieges von den hier untergebrachten französischen Offizieren am 17. April 1942 dem General HENRI GIRAUD eine abenteuerliche Flucht gelang.

Seit 1955 dient der Königstein als Museum und historische Kulturstätte. Bedeutsam sind neben den Bauten und Befestigungswerken die historischen Waffensammlungen. Dazu sind wechselnde museale Ausstellungen zu sehen, im Neuen Zeughaus über Festungsbau und Militärgeschichte, im Südflügel des Torhauses zur Festungsgeschichte des Königsteins, zur geologischen Entwicklung und der Naturgeschichte des Elbsandsteingebirges und zur Vor- und Frühgeschichte, wo auch die Funde vom ↑Pfaffenstein zu sehen sind.

Ein Rundgang längs der Mauer bietet nicht nur historische Eindrücke, sondern auch landschaftlich beeindruckende Ausblicke über das Elbsandsteingebirge, die denen vom ↑Lilienstein vergleichbar sind, mit der Ausnahme, daß beim Königstein der Blick auf den sich imposant über die Waltersdorfer Ebenheit erhebenden Lilienstein mit der ihn in ihrem cañonartigen Tal in einer weiten Schleife umfließenden Elbe hinzukommt, eines der imponierendsten Landschaftsbilder des Elbsandsteingebirges. Für den historisch Interessierten werden auf der Festung ausführliche und reich bebilderte Führer und Abhandlungen zur Geschichte der Festung angeboten. *Ra*

Kuhstall 20

Gemeinde: Lichtenhain
Landkreis: Sebnitz
nächste größere Stadt: Sebnitz
Erreichbarkeit: Autobahnausfahrt: Burkau (A 4), Landstraßen über Bischofswerda, Neustadt und Sebnitz nach Lichtenhain; Entfernung: 33 km
Von Dresden auf der B 172 über Pirna bis Bad Schandau; auf der Landstraße durch das Kirnitzschtal aufwärts bis zum Lichtenhainer Wasserfall; die letzte Strecke kann auch mit der Kirnitzschtalbahn zurückgelegt werden
Zugänglichkeit: auf markiertem Wanderweg frei zugänglich
Besichtigungsdauer: 2 bis 3 Stunden
Abbildung: S. 57

Von der Endstation der Kirnitzschtalbahn am Lichtenhainer Wasserfall erreicht man auf markiertem Weg vorbei an dem Quellaustritt des Münzbornes nach etwa halbstündigem Aufstieg die großbankigen Sandsteinfelsen des Neuen Wildensteines. Sie erheben sich über einer

Blick von der Festung Königstein

Kuhstall

△ Lilienstein und Elbtal

▷ Barbarine am Pfaffenstein

▽ Opferkessel auf dem Pfaffenstein

△ Gansfelsen in der Nähe vom Rauenstein

▽ Prebischtor

Terrasse im Bereich einer tonhaltigen Zwischenschicht, in der am Wandfuß selbst zahlreiche Höhlen- und Überhangbildungen entwickelt sind. Im Höhlenhorizont liegt auch das Kuhstall genannte, bis zu 11 m hohe Felsentor, welches eine Breite von 17 m und eine Tiefe von 24 m besitzt. An den Begrenzungswänden des Felsenfensters fallen dem aufmerksamen Beobachter glatt polierte Schichtflächen zum Teil mit Streifenmuster auf, auf denen sich horizontale Verschiebungen geringsten Ausmaßes im Gefolge der tektonischen Bewegungen an der von hier nur 900 m entfernten Lausitzer Störung am Ausgang der Kreidezeit vollzogen haben. Die Rutschflächen zeichnen sich durch starke Einkieselung aus; oft hat sie die Verwitterung im Anschnitt als Quarzleisten herauspräpariert.

Der *Neue Wildenstein* bildete zwischen 1409 und 1451 zeitweise den Wohnsitz einer Herrschaft der böhmischen BERKEN VON DER DUBA. Die Existenz der ausgedehnten und befestigten ehemaligen Anlage ist durch zahlreiche Bearbeitungsspuren, Mauerreste und Bodenfunde belegt. Damals und auch während des Dreißigjährigen Krieges, als Einwohner des Dorfes Lichtenhain hierher geflüchtet waren, diente das Felsentor der Unterbringung des Viehs; davon leitet sich der Name Kuhstall her. Die Bergwirtschaft wurde 1853 begründet. Das Gipfelplateau erreicht man vom Kuhstall aus nach Durchsteigen einer engen Felskluft mit 108 Stufen, der sog. *Himmelsleiter.* Der Neue Wildenstein gewährt von mehreren Standorten Ausblicke auf die Felsgebiete der Hinteren Sächsischen Schweiz, die von einzelnen Basaltbergen an Höhen übertroffen werden. Nach Norden blickt man auf die sanften Granithöhen jenseits der Lausitzer Störung. Der benachbarte, 397 m hohe *Hausberg,* zu dessen vornehmlich mit Rotbuchen bestandenem Gipfel vom Kuhstall in nordöstlicher Richtung ein Weg hinführt, wird von einem basaltischen Gestein durchsetzt. In dem kleinen auflässigen Steinbruch dicht unterhalb des höchsten Punktes der Erhebung steht Vitro-Olivin-Augit-Tephrit an, der bei seinem Aufdringen während des Tertiärs Graniteinschlüsse aus dem Untergrund und auch Sandsteinbrocken mitgerissen hat. Die hochtemperierte Basaltschmelze führte im unmittelbar angrenzenden Sandstein zu kontaktmetamorphen Veränderungen. Der hocherhitzte Sandstein wurde gefrittet und sonderte sich bei der Abkühlung in schmale, unregelmäßige Säulen ab. *Be*

Lilienstein 21

Gemeinde: Königstein
Landkreis: Pirna
nächste größere Stadt: Pirna
Erreichbarkeit: Autobahnausfahrt: Dresden-Altstadt (A 4), B 172 über Pirna Richtung Bad Schandau, nach Überquerung der Elbe Richtung Halbestadt; Entfernung: rd. 50 km
Von Norden aus über Waltersdorf zu Fuß von Königstein (-Halbestadt) und Rathen, mit PKW auch über Porschdorf-Waltersdorf; Parkplatz nahe dem Nordwestfuß des Liliensteins
Zugänglichkeit: frei zugänglich
Besichtigungsdauer: halber Tag
Abbildung: S. 58

Der im Zentrum des Elbsandsteingebirges gelegene Lilienstein wird allgemein als das Schulbeispiel der freistehenden tafelbergartigen „Steine" des Elbsandsteingebirges angesehen. Nicht nur wegen seiner bedeutenden Höhe, sondern auch wegen der klar ausgeprägten Gliederung in Fußhang, Felskrone und das tafelartige Plateau zieht er von fast allen Aussichtspunkten des Elbsandsteingebirges den Blick der Besucher auf sich und erweist sich als ein in der Erinnerung an den Besuch dieser Landschaft haftenbleibendes Bild.

Der 415 m hohe Felsberg erhebt sich über eine 220 bis 260 m hoch gelegene sporn- bzw. halbinselartige Ebenheit, die von der Elbe in einem etwa 100 m tieferen cañonartigen Tal in einer weit nach Südwesten ausholenden Stromschleife umflossen wird. Dieser Unterbau des Liliensteines besteht aus den mittelturonen Sandsteinstufen a und b, wozu im tieferen Elbtal bei der Stadt Königstein auch noch der Labiatusquader (Unterturon) ausstreicht. Auf der Ebenheit setzt der Felsberg mit einem deutlich ausgeprägten, etwa 30° geneigten und mit Trockenwald bestandenem Fußhang auf, der nicht, wie oft vermutet wird, aus Felsschutt besteht, sondern aus den kleinbankigen Sandsteinstufen c1 und c2, die auch vielfach, nach unten übergreifend, am Hang in flacher Lagerung hervortreten. Besonders an der Nordseite des Felsberges sind sie von herabgestürzten Felsblöcken, die z.T. beträchtliche Ausmaße erreichen, bedeckt. Die steil aufragenden Wände der Felskrone aber werden von den großbankigen Felsstufen c3 und vor allem d (Oberturon) gebildet, im Plateaubereich auch vom e-Sandstein (Coniac). Auf dem Plateau des Liliensteines ist stellenweise eine lehmige Auflagerung vorhanden, vermutlich im späten Pleistozän aufgewehter und verlehmter Löß. An den Felswänden, besonders an den Aufstiegswegen, läßt sich die intensive Zerklüftung des Felsberges gut beobachten. Zwei Hauptklüftungsrichtungen herrschen vor, eine nordwest-südöstliche und eine nordnordöstlich-südsüdwestliche. Die Klüfte greifen z.T. tief in das Felsmassiv hinein und haben, besonders am Westhorn, zur Ablösung einzelner Felstürme geführt. An der Südostseite des Liliensteines befindet sich die tief in die Felswand hineingreifende *Petermannshöhle*, die Spuren einer künstlichen Erweiterung aufweist (nicht zugänglich).

Ältere Schreibweisen für den Namen des Felsberges – 1369 Yllgenstein, 1396 Lilgenstein – stützen die Vermutung, daß der Berg ursprünglich nach dem heiligen Ilgen (Aegidius) benannt wurde. Offenbar hat der Lilienstein schon in prähistorischer Zeit Interesse erregt. In einer Felsspalte am Fuße der Felswände gefundene keramische Reste weisen darauf hin, daß er schon im ersten Jahrtausend v.Chr. von Menschen aufgesucht wurde. Durch Ausgrabungen in den Jahren 1897 und 1937/38 wurden in der Nähe des Gasthauses Spuren eines mittelalterlichen böhmischen Befestigungswerkes festgestellt, das auch 1396/97 urkundlich belegt ist, später, vermutlich nach der Dohnaischen Fehde (↑Königstein), befand sich dort eine markmeißnische Besatzung, möglicherweise bis in das 16. Jh. hinein. Später aber verblaßt die strategische Bedeutung des Liliensteines gegenüber dem Königstein. Belegt ist eine Besteigung des Felsberges durch Kurfürst AUGUST DEN STARKEN im Jahre 1708, wozu der Stufenweg an der Südwestseite angelegt wurde. Zur Erinnerung an diese Besteigung wurde auf dem Osthorn des Liliensteines ein Obelisk errichtet, der jedoch durch Blitzschlag zerstört wurde. Die Ebenheit unterhalb des Liliensteines spielte im Siebenjährigen Krieg eine beschämende Rolle, als dort 1756 vor den nach Sachsen eingefallenen preußischen Truppen FRIEDRICHS DES GROSSEN die sächsische Armee kapitulierte und in Gefangenschaft geriet. Der sächsische König mußte vom Königstein aus sicherer Warte dem Geschehen tatenlos zusehen. Auch in den Freiheitskriegen, in denen Sachsen auf Seiten NAPOLEONS stand, spielte das Gebiet um den Lilienstein als Verteidigungspunkt eine strategische Rolle, wovon noch Reste von Schanzwerken, der „Franzosenborn" und die von NAPOLEON angelegte, von Pyramidenpappeln gesäumte „Kaiserstraße" zeugen. Eine Bergwirtschaft besteht seit 1873, ein zweiter Aufstieg wurde 1900 an der Nordseite angelegt. Auf der Südaussicht steht der weithin sichtbare Wettin-Obelisk, eine 16m hohe Gedenksäule, die der Gebirgsverein für die Sächsisch-Böhmische Schweiz 1889 anläßlich der 800-Jahr-Feier des sächsisch-wettinischen Königshauses errichten ließ. In den Jahren des Sozialismus wurde die nicht genehme Inschrift entfernt, neuerlich aber durch eine entsprechende Tafel ersetzt.

Wegen seiner Lage im Zentrum des Elbsandsteingebirges, seiner Höhe und seiner isolierten Position bieten sich vom Plateau des Liliensteines nach allen Seiten eindrucksvolle und geographisch informative Ausblicke. Nach Norden und Nordosten gleitet der Blick von mehreren Felsplateaus über die Ebenheit bei Waltersdorf-Porschdorf. Sandige und lehmbedeckte Flächen lassen sich indirekt erkennen. Jene tragen Waldbestände, diese aber werden landwirtschaftlich genutzt. Jenseits der Täler der Sebnitz und Polenz ragen die Felskulissen der Ochelwände, Waitzdorfer Wände und Brandwände auf, weiter links der zerklüftete Rathener Felsenkessel und das Basteimassiv. Herrschen hier schroffe Formen, so sieht man im Hintergrund sanftere Höhenzüge, die einen Gesteinswechsel anzeigen. Es sind die Randhöhen der Lausitzer Granitlandschaft, die längs eines tektonischen Bruches, der *Lausitzer Störung,* auf das Sandsteingebirge aufgeschoben ist. Durch ein von einer Pappelgruppe umgebenes Denkmal ist die Rathewalder Höhe gut erkennbar, rechts davon die Napoleonschanze bei Hohnstein und die Waitzdorfer Höhe.

Nach Osten und Südosten schaut man vom Osthorn. Hier zieht das tief in die Sandsteinlandschaft eingeschnittene Tal der Elbe, die aus der ČSFR kommend bei Schmilka in sächsisches Gebiet eintritt, den Blick auf sich. Zunächst in nordwestlicher Richtung fließend, beginnt sie bei Prossen in ihre große Schleife um die „Liliensteinhalbinsel“ herum einzulenken. Etwas oberhalb, wo die Kirnitzsch bei Bad Schandau an ihrer Mündung in die Elbe einen großen Schwemmkegel ausgebildet hat, ist der Strom auf die gegenüberliegende Seite abgedrängt worden und beginnt ein leichtes Pendeln, ähnliches wiederholt sich an der Mündung des Lachsbaches bei Rathmannsdorf. Unterhalb des Osthornes des Liliensteines, wo der Strom in seine große Schleife eintritt, hat er einen Prallhang geschaffen, an dem

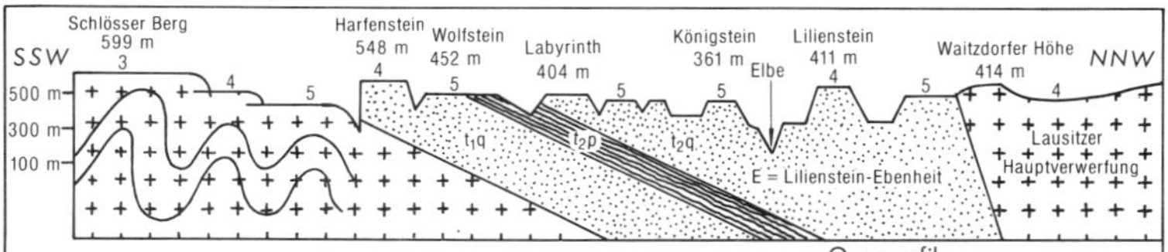

Querprofil durch das Elbsandsteingebirge
(nach V. Staff/Rassmuss)

sich, an der vom Standpunkt allerdings nicht einzusehenden rechten Talseite, die heute aufgelassenen *Kirchleithesteinbrüche* befinden. Hier wurde seit dem 16. Jh. Sandstein des Unter- und Mittelturons (Labiatussandstein und Stufe a) gewonnen. Auf der nahen Elbe konnte das Gestein weithin transportiert werden. Bereits 1533 fand es Verwendung zum Bau des Schlosses Hartenfels in Torgau, zu zahlreichen Bauten in Dresden (z. B. 1710 bis 1732 den Zwinger), in Meißen, Berlin und anderen Städten und 1733 bis 1742 sogar für das Schloß Christiansborg in Kopenhagen. Nach langer Ruhezeit hat man 1945 nochmals beim Wiederaufbau des im Zweiten Weltkrieg zerstörten Dresdener Zwingers auf dieses Gestein zurückgegriffen. Erheben wir den Blick über das Elbtal, so sehen wir hinter Bad Schandau den von einem mächtigen Basaltgang durchzogenen breiten Rücken des Großen Winterberges, davor, über der Ebenheit von Ostrau, das bizarre Felslabyrinth der Schrammsteine. Die sich beiderseits über dem Elbtal weithin erstreckenden Ebenheiten steigen nach Süden schwach an, linkselbisch (vom Standpunkt rechts) von mehreren Kulissen freistehender tafelbergartiger „Steine“ überragt. Bei Gohrisch ist es die Gruppe Kleinhennersdorfer Stein-Papststein-Gohrisch, dahinter sind es Kohlbornstein und Lasensteine, hinter diesen Großer und Kleiner Zschirnstein. Auf der Ebenheit bei Schöna sieht man die beiden kleinen Restberge Kaiserkrone und Zirkelstein. Gerade von hier aus läßt der Blick über die deutlich etagenartig abgestufte, bizarr in Felskomplexe aufgelöste und von cañonartigen Tälern zerschnittene Landschaft den Prozeß der durch langzeitliche erosive und von Verwitterung und Felsstürzen unterstützten Zerstörung einer einst ausgedehnten mächtigen Sandsteinplatte lebendig werden. So wurde eine Landschaft von eigenartigem Reiz geschaffen, deren Wesen eigentlich keine Berge, sondern tief eingeschnittene Täler und weithin abgetragene und ausgeräumte Gesteinsmassen sind.

Den Süden und Südwesten überblickt man vom Wettin-Obelisken. Auf der Ebenheit unterhalb des Liliensteines liegt das kleine Waldhufendorf Ebenheit, dessen Name in enger Beziehung zur Geomorphologie des Gebirges steht. Jenseits des Elbtales ragt die Festung Königstein auf, deren Gipfelplatte mit 361 m Höhe hinter der des Liliensteines zurückbleibt. Der links davon liegende Quirl reicht nur bis zur Obergrenze der Stufe c, während der Felskomplex des noch weiter links befindlichen Pfaffensteins den Lilienstein sogar noch um wenige Meter überragt. Weit im Hintergrund aber ist der höchste Berg des Elbsandsteingebirges zu sehen: der breite Rücken des im böhmischen Teil des Gebirges liegenden Hohen Schneeberg (721 m). Bei der Stadt Königstein mündet die Biela, in deren Tal sich ein Teil der Stadt hinein erstreckt, in die Elbe.

Die Westaussicht befindet sich auf einem von der Hauptmasse losgelösten Felskomplex, der einst eine wichtige Steinsäule der alten Landesvermessung von 1889 trug. Auf den Felsköpfen finden sich einige auffallende, zeitweilig mit Wasser gefüllte Vertiefungen, die auch als Opferkessel bezeichnet werden. Ihre Entstehung ist strittig. Wenn ihr Ursprung nicht auf einstige „Löcher" im Sandstein zurückgeht, könnten Ansammlungen verrottetender Laubreste in ursprünglich nur flachen Vertiefungen Humussäuren erzeugt haben, die auf das Bindemittel des Sandsteines lösend wirkten und einen Beginn der Eintiefung mit entsprechenden Folgeprozessen auslösten. Der Ausblick von hier auf das Elbtal zeigt das Ende der um die „Liliensteinhalbinsel" gezogenen Stromschleife und den Versuch des Stromes, wieder in die Nordwestrichtung einzulenken, wenngleich das erst nach einer weiteren Schleifenbildung um die Weißig-Thürmsdorfer Ebenheit, über die sich die Bärensteine und der Rauenstein erheben, gelingt. Elbtalabwärts schaut man bei günstigem Wetter bis zum Dresdener Elbtalkessel, an dessen Rand sich bei Pillnitz der Granithöhenzug des Borsberges markant abhebt. *Ra*

Lohmgrund 22

Gemeinde: Cotta, Ortsteil Großcotta
Landkreis: Pirna
nächste größere Städte: Pirna, Dresden
Erreichbarkeit: Autobahnausfahrt: Dresden-Altstadt (A4), auf der B172 nach Pirna; in südlicher Richtung auf der nach Berggießhübel führenden Landstraße bis kurz vor Großcotta, wo ostseitig ein Fahrweg in das Steinbruchrevier des Lohmgrundes hinabführt; Entfernung: 38 km
Zugänglichkeit: frei zugänglich; Anmeldung im Steinbruch ist erforderlich
Besichtigungsdauer: 1 bis 2 Stunden

Das sich nördlich der Gemeinde Großcotta zur Gottleuba herabziehende Seitental verdankt seine heutige Ausbildung einer zweihundertjährigen ununterbrochenen Sandsteingewinnung. Steinbrüche, zum größten Teil auflässig und vielfach mit Wochenendgrundstücken ausgestattet sowie Abraumhalden bestimmen den Charakter des Grundes. Im Gebiet südlich von Pirna dürfte Sandstein mindestens seit dem 15. Jh. bei den Orten Rottwerndorf und Neundorf im Gottleubatal gewonnen worden sein, während im Lohmgrund selbst erst am Ende des 18. Jh. zwei kleine Brüche existierten. Gegenstand des Abbaues ist auch heute noch der feinkörnige Labiatussandstein des Unterturons, dem als leicht bearbeitbarem „Bildhauersandstein" besondere Bedeutung zukommt. Hauptgemengteil des Gesteines ist Quarz, dessen Korngrößen zwischen 0,1 und 0,3 mm liegen. Weiterhin beteiligen sich Muskowit, Turmalin, Zirkon, Rutil, Glaukonit, oxidische Eisenverbindungen und Illit als Porenfüllmasse an der Zusammensetzung. Kohlige Partikelchen verleihen dem Sandstein im Querbruch eine charakteristische Maserung. Die Höhe der im Betrieb befindlichen Brüche ist unterschiedlich und übersteigt kaum 30 Meter. Die Sedimentfolge ist in einzelne 1 bis 3 m mächtige Bänke gegliedert. Die sie trennenden Horizonte weisen mitunter auffällige, „Sandhasen" genannte, rundliche Sandnester oder Höhlungen auf, die durch Auswitterung nur schwach verfestigter Sandpartien entstanden sind. Unterschiedliche petrographische und technische Eigenschaften der einzelnen Sandsteinbänke drücken sich in den alten Benennungen der Steinbrecher aus. In einem Bruch im Nordostteil des Lohmgrundes wurden von oben nach unten folgende Bänke unterschieden:

Schalensteinbänke
Weicher blauer Sandstein
Harter blauer Sandstein
Sandnesterschicht
Harter Sandstein
Sänder
Sandnesterschicht
Muschelbank
Gute Bänke (Bildhauerbänke)
Sandhase
Graue Bank
Tiefe Bank

Insbesondere in der Muschelbank sind Steinkerne und Abdrücke des Leitfossils Inoceramus labiatus, aber auch von Pinna cottai, Pinna cretacea und Rhynchostreon columbum sehr verbreitet. Der Abbau des Sandsteines geht bankweise „vom Stock" vonstatten. Große Kluftabstände gestatten die Gewinnung beachtlicher Rohblökke, die das Herausarbeiten großer Skulpturen erlauben. Einige Bänke sind im bergfeuchten Zustand bei gesättigtem Porenraum frostempfindlich und werden im Winterhalbjahr mit Abraummaterial geschützt und erst in der wärmeren Jahreszeit abgebaut. Nach erfolgter Austrocknung besteht keine Frostgefährdung mehr. Durch Bohren und Sprengen wird der Sandstein in Blockgröße aus dem Schichtverband gelöst; das Abheben und den Transport im Bruch übernimmt ein Drehkran. Zu den Verarbeitungsstätten in Rottwerndorf und Pirna gelangen die Rohblöcke per Lastkraftwagen.

Klüfte im Sandstein weisen häufig Ausfüllungen von wein- bis honiggelbem Aragonit auf. Die Krusten besitzen lagigen Aufbau und haben oft stalaktitische Texturen. Strahlig-stengelige Aggregate finden sich in Hohlräumen und Kristalle mit spitzpyramidalen Endigungen in kleineren Drusen, so daß die Brüche auch von mineralogischem Interesse sind. *Be*

Obere Schleuse und Seufzergründel 23

Gemeinde: Hinterhermsdorf
Landkreis: Sebnitz
nächste größere Stadt: Sebnitz
Erreichbarkeit: Autobahnausfahrt: Burkau (A 4), Landstraßen über Bischofswerda, Neustadt und Sebnitz nach Hinterhermsdorf; Entfernung: 40 km
Von Dresden auf der B 6 bis zum Abzweig nach Stolpen, auf Landstraßen über Stolpen, Langenwolmsdorf, Neustadt nach Sebnitz und schließlich durch Saupsdorf nach Hinterhermsdorf, Parkmöglichkeit südlich des Ortes bei der Buchenparkhalle am Weg zur Oberen Schleuse
Zugänglichkeit: auf markierten Wanderwegen frei zugänglich
Besichtigungsdauer: 3 bis 4 Stunden

Seit dem späten 16. Jh. hatte die Kirnitzsch als Nebenfluß der Elbe für den Holztransport eine große Bedeutung. Allerdings machte sich für das „Triften", d. h. für die Beförderung unverbundener Hölzer auf dem Wasser, die Anlage von Stauanlagen erforderlich. Schon um 1567 entstand bei der heutigen *Oberen Schleuse* ein erstes Stauwerk aus Holz, in Stein wurde es 1816/17 ausgeführt. Die heutige Sperre aus dem Jahre 1931 mit einer Höhe von rund 7 m und einer Breite von 3,15 m staut die Kirnitzsch auf eine Länge von rund 700 m auf. 12 500 m³ Wasser waren es, die sich beim Ziehen der Versatzhölzer in 30 bis 45 Minuten talwärts ergossen und den Transport des Holzes über eine gewisse Entfernung ermöglichten. Je nach Wasserführung dauerte es bis zu 24 Stunden, bis das Reservoir wieder gefüllt war. Heute präsentieren sich die Obere Schleuse wie auch die etwas weiter flußabwärts liegende Niedere Schleuse als technische Denkmäler.

Seit 1879 dient der Stauraum im engen Sandsteincañon im Grenzgebiet zwischen Sachsen und Böhmen der touristischen Kahnfahrt, auf der man in 20 Minuten von der Bootsstation (mit Imbißgaststätte) bis zur Staumauer gelangt. Die Obere Schleuse liegt im 1991 eröffneten Nationalpark Sächsische Schweiz, in dem der unterhalb befindliche Talabschnitt, die *Kirnitzschklamm*, sogar ein Totalreservat bildet. In der Klamm stocken Fichten auf der Talsohle, an den Steilhängen Buchen, Tannen und Fichten, während die Felsriffe von Kiefern bestanden sind. Manche Fichten und Tannen weisen ein Alter von 200 bis 300 Jahren auf und haben Höhen um 50 m erreicht.

Unterhalb der Oberen Schleuse führt von der Hohwiese das *Seufzergründel* zur Kirnitzsch, dessen oberer Abschnitt über die Steiganlage zum *Hermannseck* (Aussichtspunkt) zu erreichen ist. Mit einem Ausbiß von 14 ha Fläche liegt im Gebiet der *Hohwiese* eines der größten Eruptivgesteinsvorkommen des Elbsandsteingebirges. Die basaltischen Gesteine, die eine Durchschlagsröhre von ellipsenförmiger Gestalt in Durchmessern von 700 × 260 m im Sandstein ausfüllen, sind allerdings durch eine Lößlehmschicht verdeckt. Die als „Vitro-Olivin-Augit-Tephrit“ zu bezeichnende Basaltbrekzie der Hohwiese führt neben Olivinknollen zahlreiche gabbroide und dioritische Fremdgesteinseinschlüsse, die sie während der Förderung aus dem Untergrund mitgerissen hat. Augit kommt in größeren Einsprenglingen in der basaltischen Grundmasse vor. Das Hohwiesengestein ist in Oberflächennähe insbesondere in der Nähe des Südostrandes der Durchschlagsröhre völlig zersetzt und liegt als tonige Masse vor. Der Zersatz bildet das Ausgangsmaterial für die Seifen im Seufzergründel, wobei Tonanteile ausgewaschen und Mineraleinsprenglinge des Muttergesteines angereichert werden. Im oberen Teil des Seufzergründels auftretende Schwermineraleinlagerungen sind subrezente bis rezente eluviale, d. h. am Ort der Verwitterung befindliche Seifenbildungen. Titanaugit, Syntagmatit, Orthopyroxene, Diopsid, Olivin, Pyrop, Apatit, Zirkon, Spinell, Titanomagnetit, Maghemit und Ferriilmenit gehören zum Schwermineralbestand. Um 1976 kam noch der Fund zweier winziger Korunde (Saphir) hinzu. Vor allem durch das Auftreten von Zirkonen erlangte das Seufzergründel seinen Ruf als „Edelsteinseife“. Neben fast farblosen und blaß graubraunen kommen gelblichrote Kristalle des als Edelstein geschätzten Hyazinthes vor, die in der Länge 7 mm als Maximum und im Gewicht ein Karat kaum übersteigen. Die Existenz sächsischer Hyazinthe war bereits in der ersten Hälfte des 16. Jh. bekannt, wie den Schriften G. AGRICOLAS zu entnehmen ist. Es sollen sogar schleifwürdige Steine um 1720 zum Preis für 10 bis 12 Taler in den Handel gekommen sein. Das Seufzergründel steht heute als Flächennaturdenkmal unter strengem Schutz. *Be*

Pfaffenstein 24

Gemeinde: Pfaffendorf
Landkreis: Pirna
nächste größere Stadt: Pirna
Erreichbarkeit: Autobahnausfahrt: Dresden-Altstadt (A 4), auf der B 172 über Pirna nach Königstein, von der Bielatalstraße links abzweigend nach Pfaffendorf zum Parkplatz am oberen Ortsausgang; Entfernung: 42 km
Zugänglichkeit: auf markierten Wegen frei zugänglich; am Fels Pfaffenstein mehrere Aufstiegsmöglichkeiten (Nadelöhr, Klammweg, „Bequemer“ Aufstieg)
Besichtigungsdauer: 4 bis 5 Stunden
Abbildungen: S. 58 und 59

Neben Lilienstein und Königstein gehört der 427 m hohe Pfaffenstein zu den bemerkenswertesten freistehenden „Steinen“ des Elbsandsteingebirges. Wegen der starken Gliederung des Felsmassives durch tief hineingreifende Klüfte und Schluchten und den zahlreichen abenteuerlich gestalteten Felsgebilden, unter ihnen auch die weithin berühmte, sagenumwobene Felsnadel der *Barbarine*, bildet er nicht nur für Wanderer, sondern auch für Bergsteiger einen besonderen Anziehungspunkt.

Deutlich gegliedert in den bewaldeten Fußhang und die steil aufsteigende Felskrone erhebt er sich freistehend über die Ebenheit von Pfaffendorf. Während diese dem oberen Bereich der Sandsteinstufe b angehört, nach dem Fußhang des Pfaffensteines in die kleinbankigen Stufen c 1/c 2 (Mittelturon) übergehend, besteht die Felskrone aus den großbankigen Stufen c 3, d und e (Oberturon–Coniac). Im Bereich der Grenzhorizonte ist die Felskrone durch tiefe Schichtauswitterungen, Bänder oder zurückspringende Wandpartien deutlich gegliedert, freistehende Felsen weisen Abschnürungen von Felsköpfen auf. Die zahlreichen absonderlichen Felsgebilde hat der Volksmund wegen ihrer Gestalt oder anderer Besonderheiten mit vielen, oft phantasievollen Namen belegt. Oft weisen die Felsköpfe eine karrenartig zerfurchte Oberfläche auf, wie sie für Kalkgebirge typisch ist, haben glokkenförmige Gestalt oder ähneln Bienenkörben. Auf einigen Felsoberflächen trifft man schüsselartige Auswitterungen an, in denen die Volksmeinung einst Opferkessel zu sehen glaubte. Dazu kommen Höhlen wie die Goldschmidt- und Falkenhöhle an der Nordostseite oder der Kleine Kuhstall und die Bellohöhle am „bequemen“ Abstieg.

Bemerkenswert ist, daß auf dem Plateau an zwei Stellen, am Gasthaus und auf dem südlichen Teil, Lehmauflagerungen zu finden sind, die, im Gegensatz zu dem durchlässigen Sandstein, Wasseransammlungen erlaubten. Diese waren wohl auch Ursache dafür, daß der Pfaffenstein schon in prähistorischen Zeiten von Menschen aufgesucht wurde oder als Zufluchtsstätte diente. Auf erste Funde stieß man 1897 bei Bauarbeiten an der Berggaststätte. Weitere Nachforschungen durch den einstigen Bergwirt HERMANN KEILER und seinen Sohn, sowie spätere systematische Untersuchungen durch das Landesmuseum für Vor- und Frühgeschichte in Dresden erbrachten den Nachweis einer bronzezeitlichen Höhensiedlung, wobei neben Resten von Keramik, Mahl- und Reibsteinen und Steingeräten wie Flachbeilen und Schuhleistenkeilen als besonders bemerkenswerte Fundstücke zwei bronzene Raupenarmbänder und ein Bronzemesser zum Vorschein kamen. Teile der Ausgrabungsfunde erlauben die zeitliche Zuordnung zur Lausitzer Kultur, die vor mehr als 3000 Jahren bis in den Raum des Pfaffensteins vordrang. Die bronzezeitliche Siedlung war auf der Westseite des Felsens durch einen bogenförmigen, mehr als 200 m langen Wall mit hölzerner Brustwehr geschützt. Teile der unter Denkmalschutz stehenden Wallanlage sind im Gelände noch deutlich erkennbar. Auch bei der *Steinernen Scheune*, einem Felsgebilde östlich des Pfaffensteines, barg man bronzezeitliche Funde, die offenbar im Zusammenhang mit der Höhensiedlung standen. Das Interesse der im Umland des Felsberges siedelnden Menschen riß seit der bronzezeitlichen Besiedelung vermutlich nicht mehr ab. Die Pfaffendorfer betrachteten ihn als ihren Berg und wegen Holz- und Weiderechten wird er mehrfach aktenkundig genannt. Auch in Kriegs- und Notzeiten diente er als Zuflucht, so im Schwedenjahr 1706 und im Jahre 1813, als die Trümmerhöhle *Kleiner Kuhstall* unterhalb des Jäckelfelsens als Versteck diente. Der *Jäckelfelsen*, an dem auch eine Gedenkmedaille angebracht ist, erinnert an einen Pfaffendorfer Gutsbesitzer, der in den Jahren 1878/79 den Pfaffenstein touristisch erschlossen hat. 1880 wurde die (z. Zt. leider geschlossene) Berggaststätte gebaut, 1897 das *Nadelöhr* durch eine Treppenanlage zugänglich gemacht und 1904 der 28 m hohe Aussichtsturm errichtet.

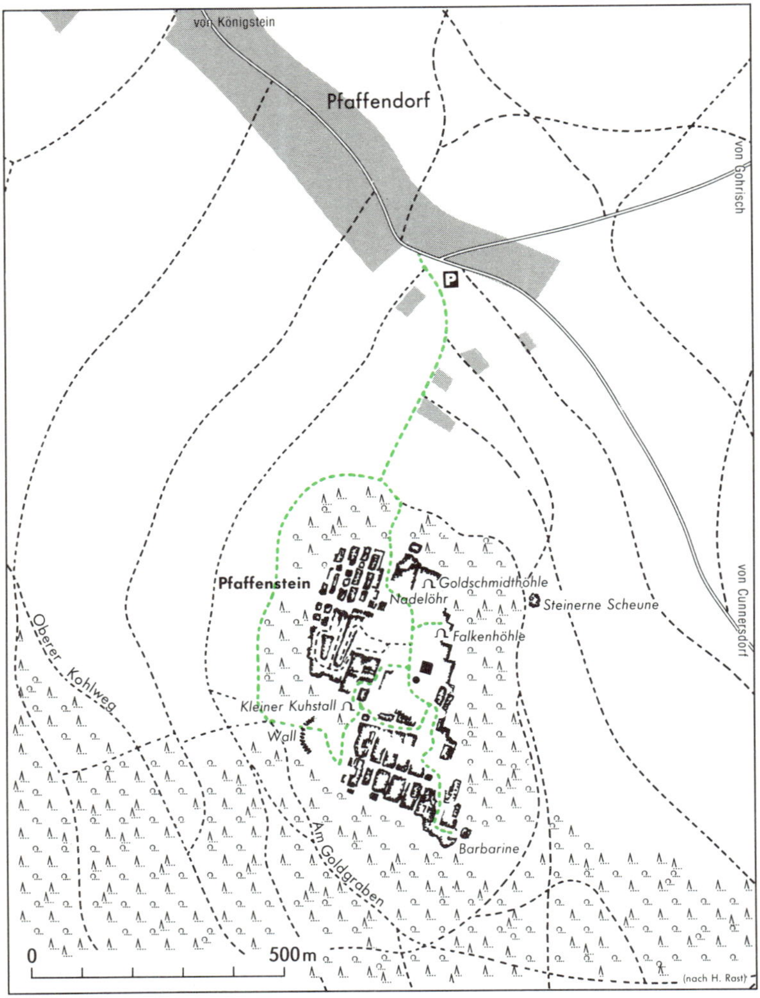

Als Zugang zum Pfaffenstein wird gewöhnlich der vom südöstlichen Ortsende von Pfaffendorf am Parkplatz nach Süden abzweigende Weg benutzt, auf dem man in ca. 10 Minuten den Fußhang erreicht. Zwischen den mächtig aufstrebenden Felsen des *Nordturmes* und der *Rauhen Zinne* (rechts) und dem *Einsiedler* (links) führt ein steiler Stufenpfad in einer nordnordost-gerichteten Hauptkluftzone aufwärts, oben, z.T. auf Eisenleitern, durch die enge Kluft des von einem eingeklemmten Felsblock überdachten Nadelöhrs. Auf dem Plateau angelangt weist bald von dem zum Gasthaus führenden Weg eine gelbe Markierung nach links zu einer Aussichtsplattform. Man überschaut von hier aus ein Panorama, das von der Festung Königstein im Nordwesten bis zum Hohen Schneeberg (Děčinský Sněžník) im Süden reicht. Rechts vom Königstein erblickt man die Bärensteine, den Rauenstein, das Basteimassiv und den Gamrig, weiter rechts den massigen Lilienstein, daneben die Felswände am Polenztal und dem Brand, hinter diesen schrofferen Formen aber die ruhigeren des Lausitzer Granitgebietes wie Waitzdorfer Höhe, Gickelsberg, Unger und Tanzplan, neben dem Lilienstein in der Ferne auch Burg Stolpen. Nordöstlich im Vordergrund sieht man das Dorf Gohrisch, rechts davon den gleichnamigen Felsenberg und den Papststein, dahinter die Hohe Liebe und die Schrammsteine, weiter rechts den Großen Winterberg und hinter und neben ihm die böhmischen Basalt- und Phonolithkuppen. Im Südosten aber erblickt man auf der Ebenheit von Schöna die kleinen Restberge Kaiserkrone und Zirkelstein und schließlich die Zschirnsteine.

Links neben der Aussichtsplatte, blau markiert, führt ein etwas enger und beschwerlicher Abstieg zur *Goldschmidtshöhle*, in der sich 1854 der Papiergeldfälscher FRIEDRICH EDUARD GOLDSCHMIDT versteckt hatte. Die unweit davon befindliche *Falkenhöhle* trägt ihren Namen nach den Wander- und Turmfalken, von denen heute nur noch letztere an den zerklüfteten Wänden horsten. Zurück zum Hauptweg, von dem etwas weiter ein Wegweiser nach rechts über Klüfte und Brücken zu Felsgebilden, die als *Dom*, *Luftballon* etc. bezeichnet werden, und zu den sog. *Opferkesseln* weist. Wieder zum Hauptweg zurückgekehrt und am Gasthaus vorbei am „bequemen Abstieg" folgen wir nun der roten Markierung zur *Barbarine*. Der Weg führt auf Stufen über Felsen und durch Klüfte auf und ab, bis man schließlich eine enge Kluft durchschreitend den gut gesicherten und mit einer Erläuterungstafel versehenen Aussichtsplatz erreicht. Schon das besondere Interesse der frühesten Touristen galt diesem, mit einer schlanken Mädchengestalt verglichenen, wohl populärsten Einzelfelsen des Elbsandsteingebirges. Die Sage berichtet von einem Pfaffendorfer Mädchen, das, statt der Aufforderung der Mutter zu folgen, am Sonntag in die Kirche zu gehen, lieber am Pfaffenstein Heidelbeeren suchte. Die darüber in Zorn geratene Mutter ließ sich zu dem Ausruf verleiten, daß die Tochter auf der Stelle zu Stein werden solle. So steht sie nun dort, zu einer schlanken Felsnadel erstarrt, zur Mahnung für unfolgsame Kinder. Die talseitig 43 m hohe Barbarine, deutlich gegliedert in einen unteren hohen, von einem Riß durchzogenen Felspfeiler, dem zwei durch tiefe Schichteinkerbungen abgetrennte Felsköpfe aufsitzen, galt seit je als schwieriger Kletterfelsen und wurde erstmalig 1905 durch den Dresdener RUDOLF FEHRMANN und seinen amerikanischen Freund OLIVER PERRY-SMITH bestiegen. Das Wahrzeichen des Pfaffensteines war seit geraumer Zeit im Bestand gefährdet. Bindemittelverlust im Sandstein der oberen Bereiche, Rißbildungen und Blitzeinschläge erforderten bereits 1946 und 1964 Sicherungsmaßnahmen am oberen Gipfelkopf. Umfangreiche Sanierungsarbeiten erfolgten in den Jahren 1979/80. Nach einer Untermauerung wurden in den oberen Gipfelkopf 350 Liter Kieselsäureester eingeführt, um eine Wiederverfestigung des lockeren Sandsteines durch Ausscheidung des Kieselsäuregels im Porenraum zu erreichen. Die auf dem Gipfelkopf aus einem Gemisch von Epoxidkunstharz und Feinsand aufgebrachte Kappe und die Behandlung oberer Felsbereiche mit wasserabstoßenden Silikonharzlösungen verhindern die für den Bestand der Barbarine gefährliche wiederkehrende Durchfeuchtung. Zum Schutz des Naturdenkmals Barbarine bleibt das 1975 ausgesprochene Kletterverbot bestehen.

Bis in die Nähe des Gasthauses zurückgehend wählt man zum Abstieg am besten den „bequemen" Weg, der zwei Varianten bietet, eine davon durch die enge Felsengasse der *Klamm*. Beide kommen unterhalb des Jäckelfelsens in der Nähe der als *Kleiner Kuhstall* bezeichneten Höhle zusammen, die ebenso wie die benachbarte *Bellohöhle* zum Typ der Trümmerhöhlen zählt. Der zum Goldgrabenweg weiterführende Abstieg quert schließlich am Fuße des Berges die bronzezeitliche Wallanlage. Den Pfaffenstein umgehend gelangt man nach Pfaffendorf zurück, hat jedoch auch die Möglichkeit am Goldgrabenweg einem Wegweiser zum Quirl zu folgen und dort die ↑Diebeshöhle zu besuchen. *Ra/Be*

Polenztal 25

Gemeinden: Hohnstein, Porschdorf
Landkreis: Sebnitz, Pirna
nächste größere Städte: Sebnitz, Pirna
Erreichbarkeit: Autobahnausfahrt: Dresden-Altstadt (A 4), B 172 bis Pirna, Abzweig nach Stolpen/Hohnstein, Parkplatz im Polenztal an der Wartenbergstraße; Entfernung: ca. 45 km
Zugänglichkeit: frei zugänglich; liegt im Nationalpark Sächsische Schweiz, im oberen Talabschnitt Naturschutzgebiet „Polenztal", Wege dürfen nicht verlassen werden
Besichtigungsdauer: 2 bis 3 Stunden und länger

Die im Granodiorit um Neustadt entspringende Polenz tritt unterhalb von Hohnstein in der Nähe des Parkplatzes, wo die Lausitzer Störung das Tal quert, in den Sandstein der Sächsischen Schweiz ein. Dieser Grenzbereich zwischen zwei grundverschiedenen Gesteinen schafft auch einen Wechsel in der Talform. Das granitische Kerbsohlental geht nahezu unvermittelt in das sandsteingeprägte Cañontal über, wobei bis zur Vereinigung mit der Sebnitz bei Porschdorf zwei unterschiedlich gestaltete Talabschnitte zu unterscheiden sind, die man nun auf einer Wanderung durch das Tal kennenlernen kann. Ab der Lausitzer Störung bis zur Waltersdorfer Mühle durchfließt die Polenz ein tiefeingeschnittenes Engtal mit senkrechten Felswänden, die die Talsohle örtlich bis zu 130 m überragen. Am Beginn dieses Talabschnittes ist auf der rechten Seite durch zwei aus dem Polenztal zur Rathewalder Randebenheit hinaufziehende Gründe der ↑Hockstein aus der Sandsteintafel herausmodelliert worden. Auf der linken Talseite liegt der von der gleichnamigen Burg gekrönte Hohnstein, der durch den Schindergraben seine isolierte Stellung erhalten hat. Weiter polenzabwärts fallen auf der linken Talseite die Felswände von der etwa 330 m hochliegenden Hohnsteiner Randebenheit zunächst auf eine schräggeneigte Sockelleiste unterschiedlicher Breite auf 280 m hinab. Hinzu kommt, daß auf dieser Talseite die obere Felskante nahezu 50 m höher liegt als auf der rechten Seite im Bereich des schmalen *Ziegenrückens.* Dieser hat der Polenz, die offenbar einer leicht erodierbaren Hauptkluftrichtung im Sandstein gefolgt ist, den weit kürzeren Weg zur Elbe bei Rathen versperrt. Die im Granodiorit noch reichlich vorhandenen kleinen Zuflüsse setzen im Sandstein auf der rechten Seite völlig aus und von links erreichen nur solche Bäche das Polenztal, deren Quellgebiete noch im Granodiorit liegen. In frostreichen Wintern entstehen an den Wasseraustrittsstellen der Schichtfugen oft Eisbildungen von ungewöhnlicher Vielfalt. Die Vegetation zeigt die typischen Eigenheiten der Schluchttäler mit der für die Sächsische Schweiz charakteristischen Waldhöhenstufeninversion. Die Bachufer werden von einem Erlen-Eschen-Wald mit Arten submontaner Hochstaudenfluren gesäumt. Zu ihnen gehören u. a. Waldgeißbart, Gemeine und Weiße Pestwurz sowie das schlitzblättrige Sonnenkraut. Fichten und Kiefern bilden die Bestockung auf den grobblockreichen Fußhalden unterhalb der Wände. Auf den Felssimsen kommt, wie im gesamten Gebiet der rechtselbischen Sächsischen Schweiz, der Sumpfporst vor. In den kurzen Seitengründen sind kleinflächig Geißbart-Ahorn-Schluchtwälder entwickelt.
Im mittleren Teil der Engtalstrecke stokken auf der linken Bachseite noch größere Weißtannenbestände. Die vom Ausster-

ben bedrohte Baumart verjüngt sich auf den blockreichen Schutthalden am Fuß der Felswände durch natürlichen Anflug. Mit derartigen Blockböden kommt von den heimischen Nadelbäumen die Weißtanne aufgrund ihres recht intensiven Wurzelwerkes noch am besten zurecht. Die Engtalstrecke im Sandstein wurde 1940 zum Naturschutzgebiet „Polenztal" erklärt und umfaßt eine Fläche von 91,43 ha.
Der Talabschnitt zwischen Waltersdorfer Mühle und der Vereinigung der Polenz mit der Sebnitz zum Lachsbach wird zwar gleichfalls durch Felsbildungen des Sandsteins bestimmt, doch der Bach mäandriert hier in einer verhältnismäßig breiten wiesenreichen Talaue. Die Talasymmetrie ist hier noch weit ausgeprägter entwickelt. Auf der linken Talseite streben die durch zahlreiche flachgeneigte unterschiedlich breite Felsbänder gegliederten Sandsteinwände zur weit über 120 m höher liegenden Brandhochfläche auf. Auf der rechten Seite des Tales, die von der Waltersdorfer Ebenheit begrenzt wird, werden dagegen nur 50 bis 60 m erreicht. Die erst 1896/97 angelegte Talstraße von der Waltersdorfer Mühle nach Porschdorf verläuft am linken Ufer unmittelbar unter den *Brandwänden.* Auf beiden Seiten des Weges zeigen dichte Bestände von Robinien und Besenginster die Trockenheit des Sandbodens an. Die auch in länger anhaltenden Trockenzeiten stets noch ausreichend Wasser führende Polenz dient als Aufzucht- und Fischschongewässer, insbesondere für die Bachforelle. Bis weit ins 19. Jh. hinein war die Polenz wegen ihres Lachsreichtums bekannt. Aus der Nordsee kommend zogen alljährlich im Herbst die Lachse in stattlicher Anzahl elbaufwärts und drangen bis zu den kühlen sauerstoffreichen Waldbächen der Sächsischen Schweiz vor, da sich hier ihre Brut besonders gut zu entwickeln vermochte. Daher auch der Name *Lachsbach* ab dem Zusammenfluß von Sebnitz und Polenz bei Porschdorf. Infolge der zunehmenden Verschmutzung der Elbe mit Industrieabwässern im 20. Jh. verminderten sich die Lachszüge. Sie blieben allmählich völlig aus. Die letzten Lachse wurden um die Jahre 1929/30 beobachtet. *Ba*

Prebischtor (Pravčicka brana) 26

Gemeinde: Mezná (Stimmersdorf)
Landkreis (Bezirk): Děčín (Tetschen)
nächste größere Städte: Bad Schandau, Děčín
Erreichbarkeit: Autobahnausfahrt: Dresden-Altstadt (A 4), auf der B 172 über Bad Schandau nach Schmilka, Grenzübergang nach Hřensko (Herrnskretschen), die Kamenice (Kamnitz) talaufwärts bis zur Verengung am Ortsende, über die Fußgängerbrücke in die Klammabschnitte mit den Bootsfahrten und weiter nach Mezní Louka (Rainwiese); Entfernung: rd. 50 km
Mezní Louka ist von Hřensko auch auf der Landstraße mit Linienbusverkehr erreichbar
Zugänglichkeit: auf markierten Wanderwegen frei zugänglich; die Klamm kann nur während der Saison von Mai bis Oktober durchgängig besucht werden
Besichtigungsdauer: von Hřensko durch die Klamm bis Mezní Louka 3 Stunden; von Mezní Louka zum Prebischtor und zurück nach Hřensko nochmals 3 bis 4 Stunden
Abbildungen: S. 60 und 77

Die Kamenice (Kamnitz) hat sich in ihrem Unterlauf bis zur Einmündung in die Elbe ein steilwandiges Tal geschaffen. Am östlichen Ortsausgang von Hřensko verengt es sich zum cañonförmigen Einschnitt. Durch Stauanlagen, die das Triften von Baumstämmen auf dem Fluß ermöglichten, waren in der *Edmundsklamm* (Tichá soutěska) und der folgenden *Wilden Klamm* (Divoká soutěska) Stauräume von 1000 und 400 Meter Länge entstanden. Auf Initiative des Fürsten Edmund von Clary-Aldringen erfolgte 1889/90 der Ausbau für touristische Zwecke, durch den Bootsfahrten in zwei Klammabschnitten möglich wurden. 1890 fand die Eröffnung in der Edmundsklamm statt, neun Jahre später konnte auch die Wilde Klamm befahren werden. Die erosive Tätigkeit der Kamenice und ihrer Nebenzuflüsse ließ an verschiedenen Stellen Strudellöcher entstehen. Auf schmalem Streifen ist in der Schlucht ein Mischwald aus Kiefern, Fichten, Tannen, Buchen, Eschen, Erlen, Ulmen, Ahorn und Hainbuchen entwickelt. Das „Kellerklima“ der Schlucht läßt in der Krautschicht submontane bis montane Arten wie Zweiblütiges Veilchen, Tannen-Bärlapp, Rippenfarn, Stengelumfassenden Knotenfuß, Akelei-Wiesenraute und Gegenblättriges Milzkraut gedeihen. Über der Edmundsklamm ragen die Zinnen der Klammfamilie, über der Wilden Klamm beim Stillen See der Dreisesselstein auf. Nach der oberen Bootsstation führt der Weg linkshaltend aus dem Tal der Kamenice heraus und dann mit blauer Markierung nach Mezní Louka.

Von dem 1892 eröffneten Hotelbau Rainwiese führt der gleichfalls zu dieser Zeit angelegte Gabrielensteig zum 6 km entfernten Prebischtor (Pravčicka brana). Nach anfänglichem Anstieg leitet der Weg unter den Südwandabstürzen der *Flügelwände* (Křidelnaí stěna) auf einer Terrasse hin, die petrographisch durch tonhaltige Zwischenschichten bedingt ist. Die Sandsteine gehören stratigraphisch dem Turon und Coniac an. Vielerorts treten interessante Kleinformen der Verwitterung, insbesondere die der Wabenverwitterung in Erscheinung. Die Intensität der physikalischen und chemischen Prozesse wird einmal durch den in Südwandexposition häufigeren Feuchtigkeitsrhythmus, zum anderen durch Schadstoffimmissionen aus den nordböhmischen Braunkohlengebieten gefördert. Sichtbarer Ausdruck dafür sind auch starke Salzausblühungen, bei denen es sich vornehmlich um Gips, Kalialaun und Tschermigit handelt.

Beherrschende freistehende Felsmassive und -türme über dem Einschnitt des Prebischgrundes stellen *Beckstein* (Pevnost), *Zuckerhut* (Homole) und *Großer Prebischkegel* (Velky Pravčicky Kužel) dar; als Kletterziele waren sie, wie auch die sächsischen Felsen, seit dem Ende des vorigen Jahrhunderts begehrt.

Vom Gabrielensteig aus ist zum Prebischtor selbst nochmals ein kurzer Aufstieg erforderlich. Die Zugänge ließ Fürst EDMUND CLARY-ALDRINGEN bereits 1881 errichten. Den schönsten Blick auf das großartige Felsentor hat man von der Aussicht des Kreuzsteines, wo bei guter Fernsicht von Osten nach Westen Kaltenberg, Kleis, Rosenberg, der Zinkenstein mit dem Fernsehturm und Hoher Schneeberg auszumachen sind. Die größte natürliche Felsenbrücke Mitteleuropas hat an ihrer Basis eine Spannweite von 26,5 m, die maximale Höhe beträgt 16 m. Die Deckplatte weist an der schmalsten Stelle 7 bis 8 m auf und ist noch etwa 3 m stark. Seit 1982 darf sie aus Sicherheitsgründen nicht mehr betreten werden. Mit den Felsentoren des Arches National Park im US-Bundesstaat Utah kann sich das Prebischtor natürlich nicht messen; so hat der Rainbow Arch dort eine Höhe von 88 m und eine Breite von 84 m. Die Öffnung des Prebischtores ist über der wasserstauenden, tonhaltigen Zwischenschicht δ2 entstanden. Zuerst hatten sich über diesem Horizont Überhänge und kleine Höhlen herausgebildet, bis bei fortschreitender Vertiefung von beiden Seiten des schmalen Felsriffes eine durchgehende Öffnung geschaffen wurde. Wasser, Wind, Frost und Massenbewegungen durch die Schwerkraft formten schließlich über einen langen Zeitraum die gegenwärtige Naturbrücke. Felsentore stellen im Elbsandsteingebirge durchaus keine Seltenheit dar; ↑Kuhstall, mehrere kleine Kuhställe, Kleinsteinhöhle und Sommerwandloch sind einige bekanntere Beispiele.

Westlich des Kreuzsteines ragt die Sandsteinsäule des *Kleinen Prebischkegels* auf, die ein beliebter Klettergipfel ist. Vom Prebischtor kehrt man entweder zum Ausgangspunkt beim Hotel Rainwiese zurück und benutzt den Linienbus bis zum Parkplatz in Hřensko oder steigt direkt zum Langen Grund und zur nach Hřensko führenden Talstraße ab. *Be*

Rauenstein 27

Gemeinde: Stadt Wehlen, Ortsteil Pötzscha
Landkreis: Pirna
nächste größere Stadt: Pirna
Erreichbarkeit: Autobahnausfahrt: Dresden-Altstadt (A4), auf der B172 über Pirna nach Struppen, dort abzweigend über Naundorf nach Pötzscha; Entfernung: 39 km
Vom Haltepunkt Stadt Wehlen an der Bahnstrecke Dresden-Bad Schandau
Zugänglichkeit: frei zugänglich; der Anstieg über den Kammweg erfordert Trittsicherheit
Besichtigungsdauer: halber Tag
Abbildungen: S. 38 und 60

Der Rauenstein ist ein ca. 1000 m langes und bis 400 m breites, stark gegliedertes Felsmassiv, das sich, wie auch die benachbarten ↑Bärensteine, über die von der Elbe in einer weiten Schleife umflossene Ebenheit von Thürmsdorf-Naundorf-Weißig erhebt. Seine Unterlage bzw. sein Fußhang wird von einem stark gegliederten Geländerücken gebildet, der sich in nordwest-südöstlicher Richtung vom Gansrücken bei Pötzscha bis zum Culm bei Weißig verfolgen läßt. Das ihn überragende Felsmassiv ist durch tiefhineingreifende Schluchten und Klüfte stark gegliedert, insbesondere durch den das Massiv von Nordwesten her tief aufspaltenden *Bärengrund* und die *Lehmannsschlucht.* Von der ursprünglich ausgedehnteren Felsmasse sind durch die Erosionsarbeit des Flußsystems der Elbe, die vor Beginn der pleistozänen Vereisung die Ebenheit herausmodellierte ehe sie ihr gegenwärtiges Tal eintiefte, sowie auch durch mitwirkende Verwitterungsprozesse, kleinere Felsgebilde abgetrennt worden, wie Nonnenstein, Laase und Nickstein. Geologisch-stratigraphisch gehört das Felsmassiv des Rauensteins den großbankigen Sandsteinstufen c3 und d (Oberturon) an, Fußhang und Unterlage den kleinbankigen Sandsteinstufen c1/c2 (Mittelturon).
An den Felswänden des Rauensteins lassen sich besonders eindrucksvolle Verwitterungsprozesse beobachten wie tiefgreifende Auswitterungen von Schichtfugen bis zu Schichthöhlen, abkrümelnde Sandsteinoberflächen mit weißen Alaun- und Gipskrusten, wabenartige Verwitterungsstrukturen und sanduhrähnliche Gebilde.

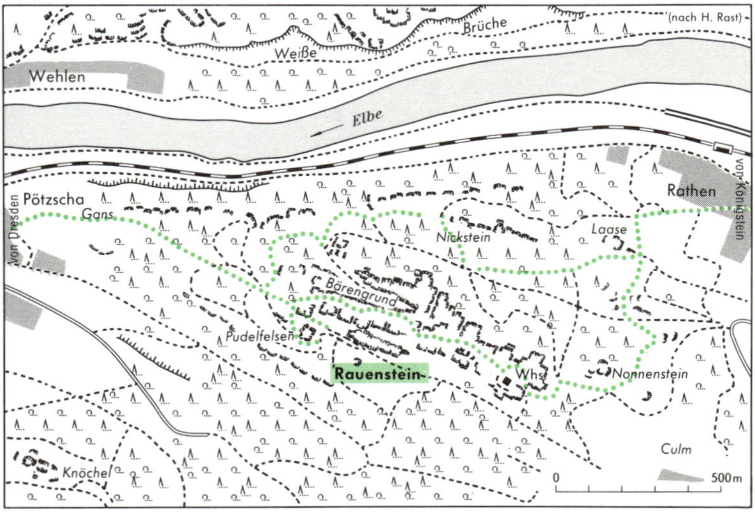

In dem am Boden angehäuften abgekrümelten lockeren Sand finden sich stellenweise die Trichterbauten des Ameisenlöwen. Eine Merkwürdigkeit an der Südwestseite des Rauensteins ist der *Pudelstein*, dessen Felsflächen mit zentimetergroßen kugeligen Warzen brauneisenreichen Sandsteines bedeckt sind. Diese Gebilde sind an eine Nord-Süd streichende Zone gebunden, die sich bis in den Bärengrund verfolgen läßt. Die Eisenverbindungen wurden wahrscheinlich von aufsteigenden Eisenlösungen geliefert, die im Zusammenhang mit dem tertiärzeitlichen Basaltvulkanismus standen.

Wenn man den Zugang vom Haltepunkt Stadt Wehlen aus wählt, folgt man vom östlichen Ortsende dem durch einen Wegweiser zum Rauenstein bezeichneten Weg über den Gansrücken, von dem nach reichlich 1000 m links der Kammweg abzweigt.

Vor dem Aufstieg kann man von hier aus geradeaus einen Abstecher durch eine Felsengasse zu dem rechts befindlichen Felsenkomplex des Pudelsteines unternehmen. Hier trifft man auf bemerkenswerte Hohlkehlenbildungen und hinter wohl durch Windschliff entstandenen sanduhrähnlichen Sandsteinpfeilern geräumige Höhlen. Die Felswände aber sind mit den erwähnten Eisenrostwarzen bedeckt. An den Felsflächen sind sogar regelrechte Eisenpanzer, ehemalige Kluftausfüllungen, zu beobachten. Diesem Weg noch ca. 200 m weiter folgend trifft man links auf eine Einsturzhöhle, bei der sich ein abgestürzter mächtiger quaderförmiger Felsblock schräg gegen die Massivwand lehnt.

Zurück zur Abzweigung und dem von Krüppelkiefern und Wetterbäumen gesäumten Kammweg folgen. Dieser überschreitet auf- und absteigend das stark zerklüftete Felsmassiv in seiner gesamten Längserstreckung, überbrückt eine Reihe von Klüften, führt mit Hilfe von Stufenanlagen über Rücken hinweg und bietet zahlreiche eindrucksvolle Ausblicke. Immerhin erfolgt der Anstieg des Rauensteines von Westen her relativ sanft, allmählich von der Ebenheit bis zum höchsten Punkt an der Ostseite des Felsmassivs. Ähnliches ist bei den Bärensteinen zu beobachten. Das scheint anzudeuten, daß die Elbe mit ihren einstigen Zuflüssen, vor ihrer Eintiefung in das heutige Tal, an der Westseite der Ebenheit von Thürmsdorf-Naundorf-Weißig eine stärkere zerstörende Erosionswirkung auf die ursprünglich ausgedehntere Sandsteinplatte ausübte. Nach Überbrückung einer breiten Kluft, die den Westteil des Rauensteines abtrennt, führen Stufen hinauf zur *Georgshöhe* (Wappen am Felsen, Steintisch). Man blickt von hier aus über den Bärengrund und den durch ihn abgetrennten Nordwestteil des Rauensteines auf das Elbtal und das jenseits davon befindliche Basteimassiv mit den Weißen Brüchen und den durch sie abgeschnittenen Hängetälern der *Stillen Gründe*. Über die Basteihochfläche aber erheben sich die sanfteren Formen der Lausitzer Granitlandschaft.

Beim Weitergehen zwingen zahlreiche Querklüfte zum wiederholten Auf- und Abstieg. Nach Querung einer besonders tiefen Schlucht erreicht man den höchsten Punkt des Rauensteines mit 302 m. Man befindet sich hier in gleicher Höhe mit dem Basteimassiv, was auf einen einstigen Zusammenhang vor der trennenden Erosionsarbeit der Elbe verweist. Von hier aus wird der Ausblick auf die Formenwelt der Sandsteinlandschaft und ihrer Randgebiete nach Osten und Südosten erweitert. Markant präsentiert sich der Lilienstein. Links von ihm sieht man den Kleinhennersdorfer Stein und Kohlbornstein, in der Ferne die kleinen Restberge Kaiserkrone und Zirkelstein, den breiten Rükken des Großen Winterberges und den von einer Basaltkappe gekrönten Rosenberg (Ružová hora). Rechts vom Lilienstein, zwischen diesem und dem Pfaffenstein, erblickt man den Gohrisch, den Papststein und die Zschirnsteine. Der weiterführende ab- und aufsteigende Weg führt bald in einer engen Kluft hinab in die Lehmannsschlucht. Sie ist nach dem um die Erschließung des Felsberges verdienten Prof. Dr. O. LEHMANN benannt. Eine Tafel weist auf die 1885 erfolgte Eröffnung des Rauensteinweges und die 25-Jahr-Feier im Jahre 1910 hin. Unweit davon befindet sich auch die *Kammhöhle*. Durch eine Kluftspalte, vorbei an Abbruchnischen quert man eine besonders tiefe Einschnürung und erreicht den kleinen östlichen Teil des Rauensteines, auf dem das bereits 1893 eröffnete Gasthaus steht. Von der nahen Aussichtsplattform bietet sich nochmals ein Blick über einen ausgedehnten Sektor der Elbsandsteinlandschaft.

Der Abstieg nach Weißig führt am *Nonnenstein* vorbei, einem etwa 250 m südöstlich vom Rauenstein aus dem Wald aufragenden einzeln stehenden Felsturm, dessen Besteigung allerdings Bergsteigern vorbehalten ist. A. MEICHE erzählt in seinem Sagenbuch des Königreiches Sachsen (1903), daß ... vor langen Jahren eine Nonne an einem ästigen, angefällten Baume diesen Felsen bestiegen haben soll, um hier ihr Gebet zu verrichten. Eine weitere Version weitet die Sage zu einem Liebesverhältnis mit einem 1691 dorthin gewallfahrteten Mönch aus, das aber durch die Eifersucht eines Jünglings getrennt worden sei, worauf beide in nahegelegene, nur durch die Elbe getrennte Klöster gegangen seien. Jeden Morgen soll die Nonne den Felsen bestiegen und nach dem gegenüberliegenden Mönchstein geblickt haben.

Von hier aus kann man in 15 Minuten Weißig oder in 30 Minuten den Bahnhof Rathen erreichen, bequeme Wege führen aber auch an der Nord- oder Südseite des Rauensteines nach Pötzscha zurück (ca. 4 km). *Ra*

Schrammsteine mit Postelwitzer Steinbrüchen 28

Gemeinde: Bad Schandau, Ortsteil Postelwitz
Landkreis: Pirna
nächste größere Stadt: Sebnitz
Erreichbarkeit: Autobahnausfahrt: Dresden-Altstadt (A 4), auf der B 172 über Pirna bis Bad Schandau, am östlichen Ortsausgang des Gemeindeteiles Postelwitz bei der Einmündung des Zahnsgrundes in das Elbtal Parkmöglichkeit; Entfernung: rd. 40 km
Zugänglichkeit: auf teilweise markierten Wanderwegen frei zugänglich
Besichtigungsdauer: etwa 4 bis 5 Stunden
Abbildungen: S. 78 und 79

Aus dem Ort geht es an der Einmündung des Zahnsgrundes in das Elbtal anfangs steil am Zahnsborn vorbei in den sanft ansteigenden Talabschnitt, durch den auch die Landstraße nach Ostrau führt. Beim *Zahnsgrund* handelt es sich um ein Hängetal, welches aufgrund geringer Wasserführung in seiner Erosionsleistung gegenüber dem Elblauf zurückblieb. Die Sandsteine der Postelwitzer Schichten sind in ihrem unteren Bereich kleinbankig ausgebildet, so daß hier geböschte Hänge dominieren. Erst über einer tonhaltigen Zwischenschicht folgen grobbankige und steilwandige Sandsteine, durch die enge Seitenschluchten ostwärts zur Schrammsteinebenheit hochleiten. Über der erwähnten Zwischenschicht ist es zur Ausbildung auffälliger Schichthöhlen und Überhangzonen gekommen. Für den Aufstieg kann der Lattengrund empfohlen werden, an dessen Begrenzungswänden Schichtung und Bankung sehr ausgeprägt sind. Die Schrammsteinebenheit ist wiederum im Bereich kleinbankiger Schichten entstanden, darüber erheben sich der isolierte *Falkenstein* und die mehr oder weniger zusammenhängende Schrammsteinkette in schroffen, großbankigen Felsformen. Die Sandsteingipfel sind sowohl in horizontaler Richtung durch grobbankige Schichtverbände und zwischengeschaltete Terrassen als auch vertikal durch nahezu sich unter rechtem Winkel schneidende Kluftsysteme stark gegliedert. Stratigraphisch gehört die Schichtfolge dem Oberturon und Coniac (Schrammstein- und Rathewalder Schichten) an. Mannigfach sind die Formen der Verwitterung, die von Schichtauswitterungen, karrenförmigen Erosionsrinnen

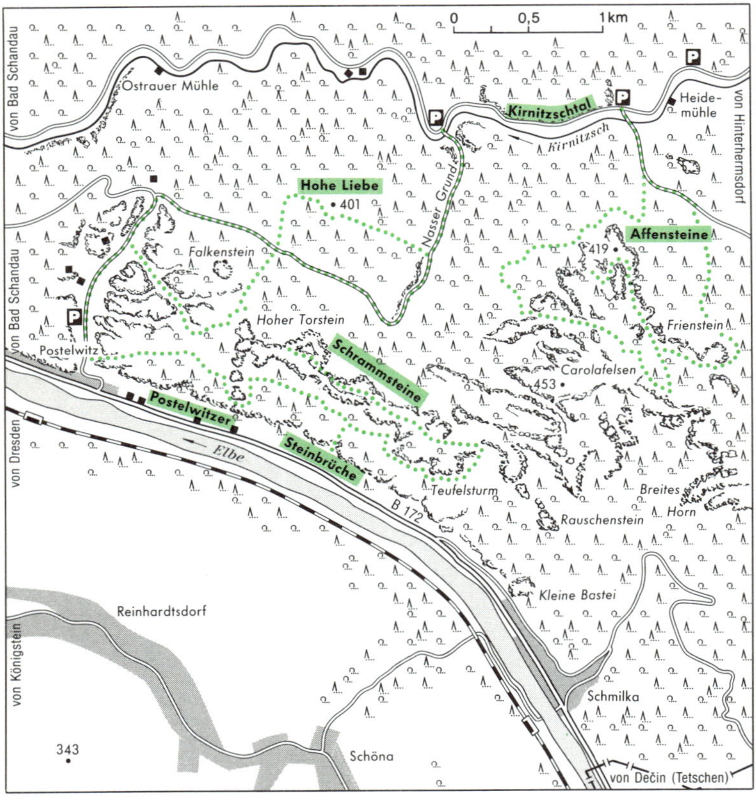

auf Felsoberflächen, Sanduhren, Wabenstrukturen, Sandschliffen bis zu Salzausblühungen reichen. Insbesondere um und in der Scharte des *Großen Schrammtores* fallen sie in das Blickfeld. Bizarre Brauneisenplatten prägen die Nordwand der früher Eisenspitze genannten Zackenkrone hinter der Säule des Schrammtorwächters und stellen die Ausfüllung einer westsüdwest-ostnordost streichenden Kluftzone dar. Derartige Brauneisenschwarten treten im Schrammsteingebiet recht häufig auf.

Am Falkenstein schlug 1864 mit der ersten sportlichen Begehung des Turnerweges die Geburtsstunde des sächsischen Felsenkletterns. Heute bieten auch gerade die Gipfel der Schrammsteine eine Vielzahl von Kletteraufstiegen. Einige Routen sind insbesondere in den letzten Jahrzehnten so oft begangen worden, daß die Sandsteinflächen erhebliche Veränderungen und mit starken Absandungen verbundene Auflockerungen erfahren hatten. Am Schrammtorwächter und Spitzen Turm sind deshalb zu Beginn der 1980er Jahre Festigungen mit Kieselsäureestern vorgenommen worden. Der Weiterweg führt unter den Südwandabstürzen der Schrammsteine vorbei am Gipfel der Jungfer, hinter dem ein Aufstieg über den Jägersteig zum Gratweg und schließlich in

▷ Felsenkessel beim Prebischtor

△ Carolafelsen bei den Schrammsteinen

▷ Postelwitzer Steinbrüche

▽ Tiefer Grund

▽ Schrammsteine

△ Rathewalder Ebenheit. Blick auf den Lilienstein

▽ Kleiner Zschirnstein

westlicher Richtung zu den Schrammsteinaussichten möglich ist. Noch einmal präsentieren sich im Vordergrund der Falkenstein sowie Hoher und Mittlerer Torstein. Über der auffälligen Terrasse δ2 steht links vom letztgenannten Gipfel die Felsnadel der Tante. Über der südlichen Schrammsteinkette und dem Taleinschnitt der Elbe heben sich die Tafelberge aus den Ebenheiten heraus. Im Norden hinter und neben der Hohen Liebe zeigen sich die granitischen Höhen der Lausitz und nach Nordosten ist der Einblick in die ↑Affensteine möglich.
Von den Aussichtsfelsen absteigend bietet sich für die Fortsetzung der Exkursion der Gratweg an. Auf ihm erreicht man einen Aussichtspunkt über der Breiten Kluft mit Ausblicken zum Rauschenstein, darüber der ↑Große Winterberg, auf das Elbtal bei Schmilka, den Rosenberg sowie auf Ebenheiten und Tafelberge um Schöna und Reinhardtsdorf. Die Sandsteinoberflächen um den Standplatz weisen wiederum karrenförmige Verwitterungsformen auf. Die *Breite Kluft* bietet die Möglichkeit des Abstieges zum Elbleitenweg. Im unteren Teil der Steiganlage, bevor der Weg aus den Wänden heraustritt, fallen an verschiedenen Stellen Brauneisenröhren und -bänder auf, die westsüdwest-ostnordost streichen. Die größten Röhren weisen Durchmesser bis zu 18 cm auf. Die Verwitterung hat mannigfaltige Formen an den Wänden erzeugt. Der Elbleitenweg führt in westlicher Richtung vorbei unter dem markanten vierkantigen *Teufelsturm* in die Schrammsteine zurück. In der ersten Wegbiegung nach der Abzweigung zu den Schrammsteinaussichten ist die Möglichkeit des Abstieges zur Bruchsohle der *Postelwitzer Steinbrüche* gegeben. Sie sind im unteren Teil der Schrammsteinschichten auf eine Länge von etwa 2,5 km angelegt. Der Abbau setzte hier zu Beginn des 17. Jh. ein und erreichte mit 23 Brüchen kurz vor der Mitte des vorigen Jahrhunderts die größte Blütezeit. Mit der Eröffnung der Talstraße Bad Schandau – Schmilka kam es 1907 zur endgültigen Stillegung. In den bis zu 70 m hohen Bruchwänden wandte man die Methode des „Wandfällens“ zum Ablösen mächtiger Sandsteinpartien an. Zu diesem Zweck wurde über der Bruchsohle eine horizontale Schichtfuge ausgehackt und bis zu einer ausgeprägten Kluft vorgetrieben. Schließlich wurden stehengebliebene Stützen beseitigt, um die gesamte Wand auf ein vorbereitetes Horzelbett zu kippen. Die Aufarbeitung der umfangreichen Sandsteinmassen nahm danach mitunter Jahre in Anspruch. An einen vorzeitigen Abbruch erinnert eine Gedenktafel, bei dem am 25. Januar 1862 24 Steinbrecher verschüttet wurden. Aus einem Hohlraum unter einem Großblock konnten sie nach 56 Stunden lebend geborgen werden. Nach der Stillegung der Steinbrüche ist es wiederholt zu Felsstürzen gekommen. So lösten sich im Januar 1936 5000 Kubikmeter Gestein, wobei Brokken bis auf die Elbtalstraße stürzten und ein Haus beschädigten. Nach einer weiteren Massenbewegung im Frühjahr 1966 ereignete sich zuletzt am 25. April 1985 ein großer Felssturz in der Nähe des Guten Bieres, wobei auf der Halde eine Bergsteigerhütte vernichtet wurde. Auf der Bruchsohle führt in westlicher Richtung ein Pfad in den unteren Talabschnitt des Zahnsgrundes zurück. *Be*

Tiefer Grund 29

Gemeinden: Hohnstein, Porschdorf
Landkreise: Sebnitz, Pirna
nächste größere Städte: Sebnitz, Pirna
Erreichbarkeit: Autobahnausfahrt: Dresden-Altstadt (A 4), B 172 bis Pirna oder Bad Schandau, Abzweig Pirna-Stolpen/Hohnstein oder Abzweig Bad Schandau-Hohnstein; durch den Tiefen Grund führt eine Autostraße, die an ganz wenigen Stellen beschränkte Parkmöglichkeiten bietet; Entfernung: ca. 45 km
Zugänglichkeit: frei zugänglich; liegt im Nationalpark Sächsische Schweiz, Wege dürfen nicht verlassen werden
Besichtigungsdauer: 2 bis 3 Stunden
Abbildung: S. 78

Der Tiefe Grund zwischen Hohnstein und Porschdorf gehört mit zu den schönsten Tälern der Sächsischen Schweiz. Die Lausitzer Störung, die unmittelbar nördlich der Einmündung des Eulengrundes von links und des Forstgrabens von rechts den Tiefen Grund quert, gliedert das Tal in zwei geomorphologisch grundverschieden gestaltete Abschnitte. Nördlich der Gesteinsgrenze ist das Tal im Granodiorit und südlich davon im Sandstein angelegt. Dadurch sind in gleicher Weise wie im ↑Polenztal zwei völlig unterschiedliche Talformen entstanden: Das Kerbsohlental im Granodiorit und das enge Schluchttal im Sandstein, wobei der Wechsel in der Talausformung unvermittelt ohne einen allmählichen Übergang erfolgt.
Inmitten der von einer unterschiedlich mächtigen Lößlehmschicht bedeckten Fluren von Hohnstein, Ehrenberg und Lohsdorf im Verbreitungsgebiet des Granodiorits treten in breiten flachen Mulden zahlreiche Quellen zutage. In kleinen kurzen Bächen sammelt sich das Wasser. Es fließt dem Tiefengrundbach zu, der nach 6 km Lauf in die Polenz mündet. Das anfangs von sanft geneigten Hängen geformte und von Grünland bedeckte breite Muldental verengt sich zusehends und wird rasch tiefer. Immer öfter treten an den Ober- und Mittelhängen Granitklippen auf. Die Hangneigungen erreichen 45° und mehr. Grünland ist nur noch in den eng begrenzten kleinen Talweitungen in schmalen Streifen beiderseits des Bachlaufes ausgebildet und kurz unterhalb der Grundmühle wird der Talboden des Kerbtales so eng, daß auch dafür kein Platz mehr ist. Der in diesem Talabschnitt anstehende Anatexit (Zweiglimmergranodiorit), in einem alten aufgelassenen Steinbruch rechts am Abzweig Lupinenweg aufgeschlossen, ist infolge seiner Lage in der Zerrüttungszone der Lausitzer Störung stark zerklüftet und wurde früher als Straßenschotter verwendet.
Unterhalb dieses Bruches beginnt sich der Talcharakter weiter zu ändern. Die Granithänge werden steiler und noch klippenreicher. Kurz vor der Einmündung von Eulengrund und Forstgraben, wo die Lausitzer Störung das Tal quert, werden dann unvermittelt Sandsteinwände talbildend. Von nun an fließt der Bach bis zu seiner Mündung in die Polenz in einem tiefen, schluchtartig geformten Sandsteintal. Rechts der Straße begleiten die von kurzen, steilen Schluchten aufgerissenen, bis zu 100 m hohen *Brandwände* mit den Hafersäcken den Bach, während links die Sandsteinfelsen zur Waitzdorfer Randebenheit aufsteigen. Beiderseits des Tales sind im Bereich der Schichtfugen zahlreiche Wandüberhänge mit darunter höhlenartigen Vertiefungen zu beobachten. Eine der größten Felsengrotten liegt links der Straße zwischen Kilometerstein 2,4 und 2,5 oberhalb der als *Sense* bezeichneten Gefällsstufe. In diesem Talabschnitt ist kurz vor den über ein Hängetal einmündenden Waitzdorfer Dorfbach ein als Armbrust gedeutetes Zeichen mit der Jahreszahl 1699 und in unmittelbarer Nachbarschaft eine Sense in den Sandstein eingemeißelt. Um diese Felszeichnung rankt sich die Sage von einem abenteuerlichen Sensenduell zwischen zwei Waitzdorfer Bauernburschen, die sich in das gleiche Mädchen verliebt hatten.
Beiderseits des Tiefengrundbaches stockt auf einem relativ schmalen Saum prächtig entwickelter Ahorn-Eschen-Schluchtwald. Beigemischt sind Bergrüster, Schwarzerle, Hainbuche und seltener Sommerlinde. Von der üppig entwickelten Stauden- und Krautschicht sind besonders Waldgeißbart, Pestwurz und Mondviole zu erwähnen. Hangaufwärts schließen sich auf den die Felswände säumenden grobblockreichen Schutthalden Fichtenbestände an, die auf den südexponierten höheren Felsstandorten vielfach durch Kiefer und Birke verdrängt werden. Die am höchsten gelegenen Felspartien und -vorsprünge sind mit einem trokkenheitsliebenden Kiefern-Birken-Wald bestanden. Den Unterwuchs bilden vor allem Heidel- und Preiselbeerkraut oder dichte Wurmfarnbestände. An den Felswänden fällt der Reichtum der gelbleuchtenden Schwefelflechte auf.
Im Sandsteingebiet hören die perennierenden Zuflüsse auf. Mit Stufenmündun-

Waldstufeninversion

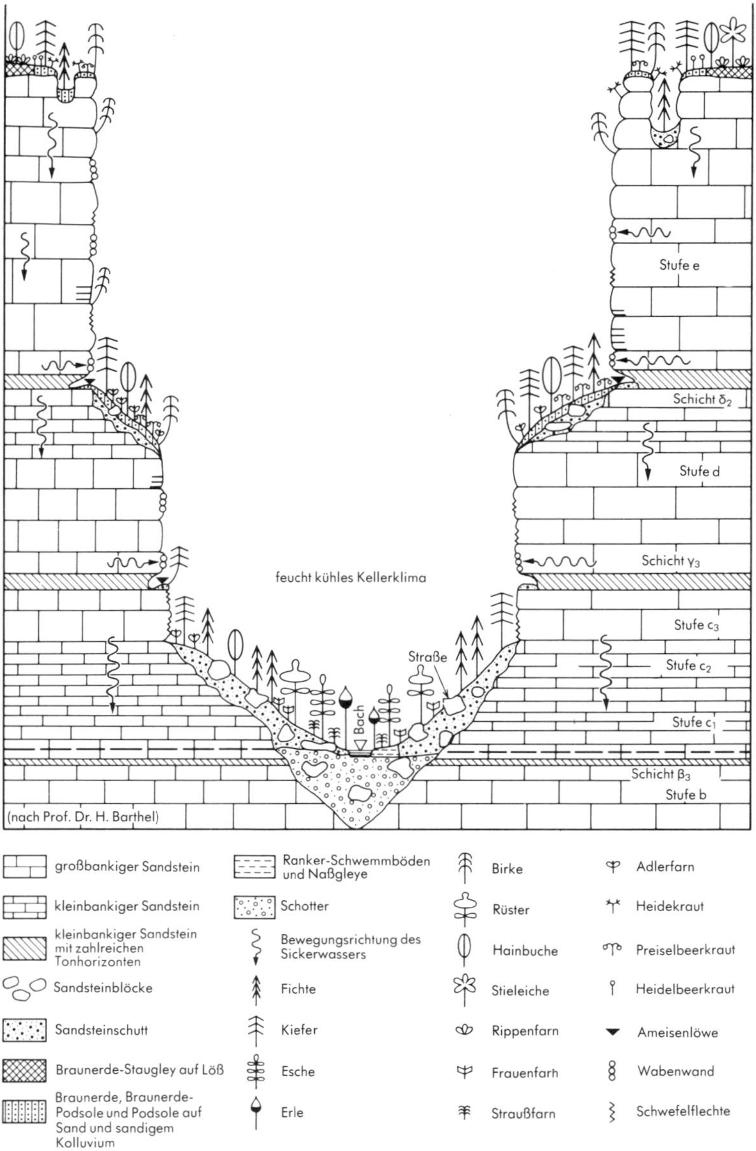

gen ausgestattete Trockengründe sind dann vorherrschend. Während die Gefällsverhältnisse des Tiefen Grundes im Granodiorit eine durchgehende Kontinuität aufweisen, sind im Sandstein zwei Talabschnitte mit stärkerem Gefälle ausgebildet. Der bedeutendste liegt im Bereich der Sense und der weniger gut ausgeprägte am Ochelberg. Auf diesen Laufabschnitten sind zahlreiche kleine wasserfallartige Stufen eingeschaltet, die schönste an der Sense oberhalb der Einmündung des Waitzdorfer Dorfbaches. Im Gegensatz zum Granodiorit vermag der Sandstein gleichsam wie ein Schwamm größere Sikkerwassermengen aufzunehmen und an das Grundwasser abzugeben bzw. es wird auf tonreicheren Schichtfugen gestaut und an die Sandsteinaußenwände geführt. Im Sommer sind die Wasseraustritte an den Felswänden oft nicht wahrzunehmen, da das austretende Wasser rasch verdunstet und zum anderen der Wasseranfall infolge der Transpiration der Pflanzenbestände beachtlich verringert ist. Im Winter hingegen gefriert bei Frostwetter das austretende Wasser und es kommt dann im Bereich der Schichtfugen zu bizarren Eisbildungen. Besonders häufig treten diese auf beiden Talseiten oberhalb der Sense auf.

Die durch den Tiefen Grund führende Straße gehört mit zu den ältesten Verkehrsverbindungen zwischen dem Elbtal und der Lausitz. Ihre Anlage dürfte schon im 13., spätestens aber im 14. Jh. erfolgt sein. Auf den ältesten aus dem 16. Jh. stammenden Karten ist sie bereits eingetragen. Sie verfügt über zahlreiche Kunstbauten in Form von Stützmauern, besonders an der Sense und am Ochelberg.

Aus dem Tiefen Grund heraus erreicht man über gut begehbare Wanderwege gern besuchte Ausflugsziele, so u. a. über die Brandstufen den Brand, über den windungsreichen Ochelweg die Obere und Niedere Ochel, über die Waitzdorfer Stufen die ↑Waitzdorfer Höhe, über den Forstgraben mit seinem zirkusartigen Talschluß die Napoleonschanze und über den Eulengrund ebenfalls die Waitzdorfer Höhe. *Ba*

Tyssaer Wände (Tiské stěny) 30

Gemeinde: Tisá (Tyssa)
Landkreis (Bezirk): Děčín (Tetschen)
nächste größere Stadt: Děčín
Erreichbarkeit: Autobahnausfahrt: Dresden-Altstadt (A 4), B 172 nach Pirna, auf der Landstraße in südlicher Richtung über Berggießhübel zum Grenzübergang Bahratal, am südlichen Ortsausgang des tschechischen Grenzortes Petrovice (Peterswald) nach links Richtung Tisá; Entfernung: 54 km
Zugänglichkeit: nach Entrichtung einer Gebühr sind die Tyssaer Wände auf markierten Wanderwegen mit Lehrpfadcharakter frei zugänglich
Besichtigungsdauer: 2 bis 3 Stunden

Den erzgebirgischen Gneisen lagern bei Tisá die Sedimente der oberen Kreide auf. Das Cenoman ist mit feinkörnigen Plänersandsteinen in einer Mächtigkeit bis zu 40 m vertreten. Die relativ weichen Gesteine des Cenomans bilden eine erste, sanft geneigte Geländestufe über dem Gneis, auf dem die Häuser von Tisá stehen. Über dem Cenoman ragen die Tyssaer Wände felsbildend auf; sie werden vom unterturonen Labiatussandstein aufgebaut. Die Mächtigkeit der bindemittelarmen, mittel- bis grobkörnigen Gesteinsfolge beträgt etwa 60 bis 70 m.

Die Kreideablagerungen weisen ein nach Norden gerichtetes Einfallen von 2 bis 3° auf. Zahlreiche Klüfte im Sandstein halten im wesentlichen die Südost-Nordwest- und Südwest-Nordost-Richtungen ein. Schrägschichtungen sind im Labiatussandstein außerordentlich verbreitet; ihre Parallellagen fallen sämtlich nach Westnordwest bis Nordwest ein. Die Tyssaer Wände sind vorwiegend auf der Nordwestseite durch viele Schluchten, Klüfte, Höhlen und Felstore labyrinthartig gegliedert. Die Ursachen der verbreiteten Erosions- und Verwitterungsformen sind im Zusammentreffen folgender Faktoren zu suchen:

– Das Gebiet der Tyssaer Wände hat nach dem Großen Winterberg die höchste

Niederschlagsmenge im Elbsandsteingebirge aufzuweisen.
– Wasserdurchlässiger Sandstein des Unterturons wird von wasserstauendem cenomanem Plänersandstein unterlagert.
– Die Sickerwege des auf Porenräumen zirkulierenden Wassers werden durch die Schichtung mit ihrem nach Norden gerichteten Einfällen beeinflußt.
– Zusätzliche Bahnen für den Sickerwasserstrom stellen die häufig auftretenden Schrägschichtungen dar, deren Einfallen ebenfalls nach Nordwesten orientiert ist.
Mit den beträchtlichen Schadstoffimmissionen aus den nordböhmischen Braunkohlengebieten ist die Intensität des Verwitterungsablaufes in der zweiten Hälfte unseres Jahrhunderts zweifellos gestiegen. Der Eintrag von schwefelsäurehaltigen Niederschlagswässern in die Porenräume des Gesteines verstärkt die chemische Verwitterung und führt zu Gefügeauflockerungen und Festigkeitsverlusten. Sichtbarer Ausdruck dafür war der Zusammensturz des freistehenden *Neuberturmes* in den Bürschlitzer Wänden im Norden des Tyssaer Gebietes im November 1981.
Die zahlreichen freistehenden Türme und Nadeln, z.B. Enthaupteter Major, Dickkopf, Januskopf, Paradiesturm, Doggenturm und Tyssaer Nadel sind beliebte Kletterziele. Die bergsteigerische Erschließung wurde bereits in den Jahren 1908 und 1910 durch sächsische Bergsteiger eingeleitet.
Die genannten Immissionen haben auch die Vegetation stark geschädigt. Der ursprüngliche Fichtenforst ist nahezu völlig vernichtet; übriggeblieben sind Ebereschen und Hängebirken. Nur noch schütter ausgebildet ist auch die Krautschicht.

Be

Waitzdorfer Höhe 31

Gemeinde: Hohnstein, Ortsteil Waitzdorf
Landkreis: Sebnitz
nächste größere Stadt: Pirna
Erreichbarkeit: Autobahnausfahrt: Dresden-Altstadt (A 4), B 172 bis Pirna, Abzweig nach Stolpen/Hohnstein, Parkplatz Waitzdorfer Schänke; Entfernung: ca. 48 km
Zugänglichkeit: frei zugänglich; liegt im Nationalpark Sächsische Schweiz, Wege dürfen nicht verlassen werden
Besichtigungsdauer: 2 Stunden

Die Waitzdorfer Höhe liegt im Bereich der Granitrandhöhen der Lausitzer Störung. Diese zieht auf der nördlichen Seite des nahen Forstgrabens von Hohnstein kommend in den Tiefen Grund hinab, überschreitet diesen und führt dann am südexponierten Mittelhang der Waitzdorfer Höhe entlang weiter in südöstlicher Richtung zum Kohlichtgrund. Der Verlauf der Grenze zwischen Sandstein und Granit wird annähernd durch die inmitten der Agrarflur mit Laubmischwald bestockten drei kleinen Steinberge markiert, die in früheren Zeiten zur Sand- und Sandsteingewinnung für die Einwohner von Waitzdorf dienten. Noch zu Beginn des 19. Jh. wurden auf alten Karten zwei davon als Steinbrüche ausgewiesen. Die Waitzdorfer Höhe und ihre Umgebung bestehen aus dem sehr feinkörnigen älteren Anatexit, der früher als Zweiglimmergranodiorit bezeichnet wurde und als Straßenschotter Verwendung fand. Sie hat die Form einer Doppelkuppe. Die waldfreie 413,5 m hohe Nordwestkuppe, die durch eine flache, etwa 5 m tiefe Einsattelung von der überwiegend bewaldeten 414 m hohen Südostkuppe getrennt wird, gestattet bei guter Fernsicht, die Reliefgestaltung zweier Landschaftstypen als Ergebnis einer unterschiedlichen erdgeschichtlichen Entwicklung in seltener Schönheit zu überschauen. Schon GÖTZINGER rühmt 1812 diesen Aussichtspunkt mit den Worten „O wie entzückend schön ist die reiche Aussicht, welche man von diesem Granitberg hat“. Die geologisch ältere Lausitzer Granodioritlandschaft im Norden ist flachwellig und kuppenreich. Mit Wiesen bedeckte Täler herrschen vor. Der Wald ist in der Regel auf die steileren Hänge und bodenungünstigen Bergkuppen zurückgedrängt. Die

Landnutzung wird von der Landwirtschaft bestimmt. Der Blick nach Süden vermittelt ein großartiges Panorama in die Formenwelt des Elbsandsteins mit seinen überwiegend landwirtschaftlich genutzten Ebenheiten, den darauf aufsitzenden Tafelbergen, den cañonartigen Tälern sowie den engen Schluchten und Gründen. Im Südosten tauchen jenseits der Sächsischen Schweiz die kegelförmigen Basaltkuppen des Böhmischen Mittelgebirges auf und im Kammbereich des Osterzgebirges im Süden und Südwesten erheben sich Geising und Kahleberg.

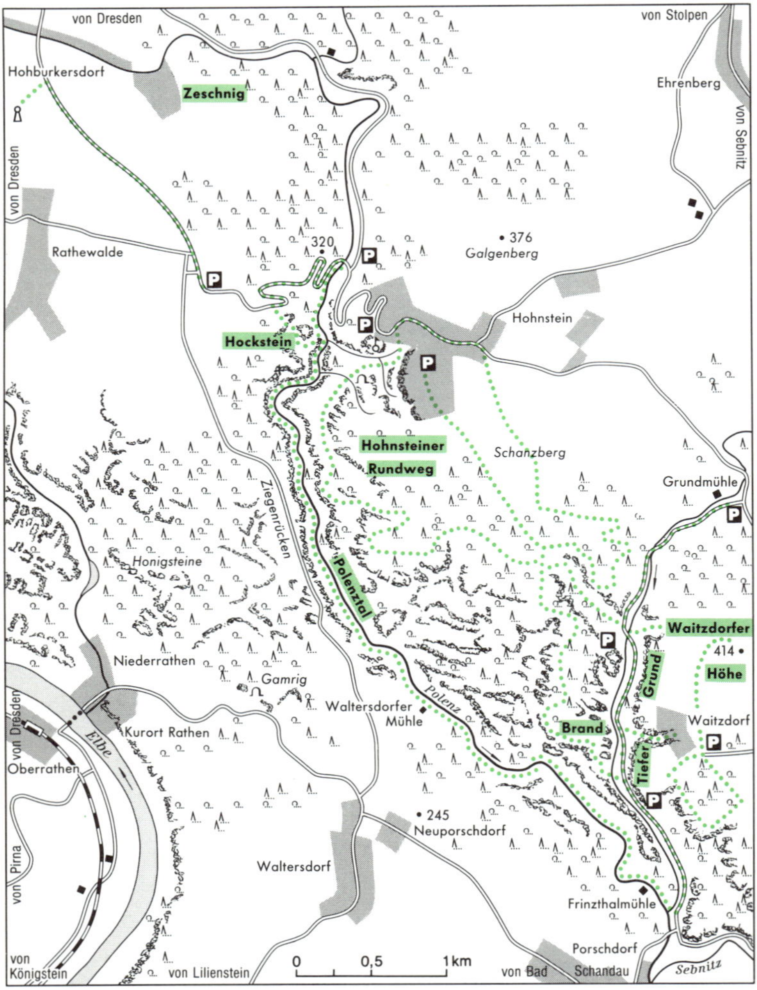

Die am Fuß der Waitzdorfer Höhe ansetzende Randebenheit ist flachwellig strukturiert und mit einer ein bis zwei Meter mächtigen pleistozänen Lößlehmdecke überzogen. In den vom Wald bestockten Flächen liegen größere Areale, die eine ausgeprägte Binnenentwässerung mit feuchten Mulden und Senken aufweisen. Es sind stark wechselfeuchte Standorte mit vergleyten Böden, die besonders im Frühjahr extrem lange staunasse Phasen aufweisen. Früher war die Waitzdorfer Randebenheit stärker landwirtschaftlich genutzt als heute. Bis zur Jahrhundertwende wurde auf den abflußschwachen Staublehmböden Beetwirtschaft betrieben, d.h. man bewirtschaftete nur ca. 10 m breite Feldstreifen. Das überschüssige Wasser wurde in den die Feldparzellen begleitenden Gräben in Richtung des Dorfgrundes abgeleitet. Im Zuge der Reduzierung von Bauerngehöften durch Brand und andere Ereignisse erfolgte eine Flurwüstung mit nachfolgender Aufforstung. Als Relikt ist die Waldwiese inmitten der Forstflächen erhalten geblieben, die dem Wild ideale Äsungsmöglichkeiten bietet.

Von der Waitzdorfer Schänke aus kann man noch einen kurzen Abstecher zur *Waitzdorfer Aussicht* unternehmen, die in 10 Minuten erreicht wird. Von hier aus läßt sich vor allem die starke Auflösung der Felsregion in kurze tiefe Gründe und Schluchten in Richtung zum Tiefen Grund eindrucksvoll beobachten. Der Aussichtspunkt gewährt sowohl Einblick in die Formen der Gesteinsauflösung bis hin zum Einzelfelsen als auch in die Vielfalt der Schluchtbildungen, die mitunter kesselartige Formen aufweisen. *Ba*

Wehlener und Uttewalder Grund 32

Gemeinde: Stadt Wehlen
Landkreis: Pirna
nächste größere Stadt: Pirna
Erreichbarkeit: Autobahnausfahrt: Dresden-Altstadt (A 4), B 172 bis Pirna, Abzweig Pirna-Copitz nach Stadt Wehlen, Parkplatz an der Elbe; Entfernung: 35 km
Zugänglichkeit: frei zugänglich; Naturschutzgebiet „Bastei“ im Nationalpark Sächsische Schweiz, Wege dürfen nicht verlassen werden
Besichtigungsdauer: 2 bis 3 Stunden und länger

Nordöstlich der Stadt Wehlen mündet der tief in den Sandstein eingeschnittene *Wehlener Grund* in das Elbtal. Er wird an seinen Unter- und Mittelhängen von prächtigen alten Fichten bestockt, die bis zu 40 m Höhe erreichen. Beigemischt sind Hain- und Rotbuche sowie Ahorn. Das zumeist trockene Bachbett darf allerdings nicht darüber hinwegtäuschen, daß sowohl zur Zeit der Schneeschmelze als vor allem auch bei auftretenden Starkniederschlägen im Einzugsgebiet beachtliche Wassermassen durch den Wehlener Grund zur Elbe geführt werden. So ergossen sich beispielsweise im Sommer 1958 während eines Unwetters im Bereich der Rathewalder und Lohmener Fluren die Wassermassen in die zum Wehlener Grund entwässernden Gründe und leisteten enorme erosive Arbeit. Im Stadtgebiet von Wehlen war danach das Bachbett mit meterhohen Geröllmassen bedeckt. Die Sohle des Baches ist zu einem großen Teil mit Sandsteinplatten ausgelegt und an zahlreichen Stellen sind kleine Gefällsstufen eingebaut, um damit einen raschen Abfluß bei geringer Erosionsleistung zu erreichen. Der starke Moosbefall der Steine weist auf günstige Feuchteverhältnisse hin.

Ab der Einmündung des Teufelsgrundes von links beginnt der Uttewalder Grund, von dem der Zscherregrund nach Osten abzweigt, in dem wiederum kurze Nebengründe einmünden. Alle genannten Gründe gehören zu den „altberühmten Schluchten“ der Sächsischen Schweiz. In ihnen entdeckten die Naturschwärmer und Romantiker um das Jahr 1800 die „Merkwürdigkeiten und Erschröcklichkeiten“ der Sandsteingründe, d.h. die faszinierenden Naturschönheiten der engen tiefen Gründe und Schluchten.

Vom Wehlener Grund zweigt am Märkelstein in nordwestlicher Richtung der wildromantische *Teufelsgrund* ab. Der Pfad durch diesen schluchtartigen Grund führt unter mehreren Felstunneln hindurch, die durch eingeklemmte Felsblöcke entstanden sind. Herabgestürzte Felsblöcke und höhlenartige Wandüberhänge sowie die teilweise beängstigende Enge der Schlucht haben die romantisch veranlagten Erstbegeher veranlaßt, ihm den Namen Teufelsgrund zu geben. Besonders interessant sind die in der *Teufelskammer* ausgebildeten Strudellöcher, die auch noch an anderen Stellen des Uttewalder und im Zscherregrund anzutreffen sind. In der von Südwesten in den Teufelsgrund einmündenden kurzen *Teufelsschlüchte* erkennt man an der Felswand auf der rechten Seite am Eingang eine deutlich ausgeprägte Schrägschichtung des Sandsteins. Der Pfad führt weiter durch Felstunnel hindurch, die teilweise nur in gebückter Haltung durchschritten werden können. Im letzten Drittel der Schlüchte liegt an der Nordseite die etwa 10 m lange, durch Auswaschung einer Kluft entstandene *Heringshöhle*, deren Boden von einzelnen herabgestürzten Felsblöcken bedeckt wird.

Der sich an den Wehlener Grund anschließende windungsreiche und bedeutend längere *Uttewalder Grund* gleicht in seiner Formung in vielfacher Hinsicht dem Teufelsgrund. Besonders imposant wirkt das *Uttewalder Felsentor* oberhalb der Gaststätte Waldidyll. Es wird von einem an einer engen Stelle des Grundes abgestürzten und eingeklemmten Felsblock gebildet. Auf alten Stichen und Zeichnungen ist es vielfach dargestellt worden, bildet doch der Uttewalder Grund von Lohmen aus den „alten Eingang zur Sächsischen Schweiz". Auch die *Teufelsküche* auf der Ostseite unterhalb der Gaststätte ist durch herabgestürzte Felsblöcke entstanden. Die Ausformung der Gründe erfolgte bereits im Tertiär und Altpleistozän. Sie wurden jedoch durch das bis in die Sächsische Schweiz vordringende Inlandeis der Elster-Eiszeit zum größten Teil verschüttet und erst nach dem Eisrückzug durch das schmelzende Gletscherwasser wieder freigelegt und nachfolgend weiter umgeformt. Die durch tektonische Beanspruchungen des Sandsteins bedingten vertikalen Klüfte wurden durch Verwitterungsprozesse und Erosion allmählich zu Tälern, engen Schluchten und Kaminen erweitert.

Vom Uttewalder Grund zweigt nach Nordosten der *Zscherregrund* ab. Er erhielt seinen Namen (alttschech. Černy = schwarz) wegen des düsteren Charakters, den ihm die hohen Felswände und der allgemeine Wassermangel einbrachten. In ihm befindet sich rechts, dicht an der östlichen Felswand, ein Strudelloch von 70 cm Durchmesser und ca. 60 cm Tiefe. Es verdankt seine Entstehung herabstürzenden Wassermassen, die dabei widerstandsfähige Gerölle in drehende und mahlende Bewegungen versetzten. Noch heute weist die Innenwand des Strudelloches feine schraubenartige Strukturen auf, die von den bewegenden härteren Geröllen in den weichen Sandstein eingeschliffen wurden. Das Entstehen dieser Strudellöcher geht in erster Linie auf pleistozäne Schmelzwasserarbeit zurück.

Aus dem Zscherregrund führt in südöstlicher Richtung durch den Höllengrund ein Weg zur Basteihochfläche hinauf. Felsstürze, deren Abrißstellen an den Felswänden noch zu erkennen sind, trugen zur Erweiterung bei. Eine Sandsteinplatte in der Mitte des Grundes, die durch Auswitterung einer Kluft von ihrer rückwärtigen Anbindung losgelöst wurde, trägt den Namen *Schiefertafel*. Kohlgrund und Reingrund setzen den Zscherregrund nach Nordosten fort. Die Gründe und Schlüchte sind meist trocken. Das Niederschlagswasser versickert in dem durchlässigen Sandstein sehr rasch. Nur z. Zt. der Schneeschmelze und bei Starkregen können sie sich für kurze Zeit in reißende Wildbäche verwandeln.

In den Gründen und Schluchten haben sich vielfach standortgerechte Mischwälder erhalten. Sie bestehen entweder aus einem Fichtenwald oder einem Ahorn-Eschen-Schluchtwald mit Bergahorn, Winterlinde und Hainbuche. An trockenen, meist südexponierten Felsstandorten treten die Kiefer und die Birke stärker in Erscheinung. In feuchten Höhlen und unter grottenartigen Überhängen schimmert das seltene Leuchtmoos in der Dunkelheit und auf der schmalen Sohle der Gründe sowie an Felsvorsprüngen, Felsritzen und Klüften der Sandsteinwände wuchern zahlreiche Farnarten, so u. a. Wurm-, Rippen-, Straußen- und Frauenfarn. Leider ist der in früheren Jahrzehnten im Uttewalder Grund festgestellte Hautfarn seit einigen Jahrzehnten dort schon nicht mehr gefunden worden. Eine seltene Pflanze, die hier ihre Heimstatt hat, ist der Sumpfporst, der von den Bergsteigern „Sächsisches Edelweiß" genannt wird. Diese Reliktpflanze aus der Zeit der letzten Inlandvereisung hat sich insbesondere an den nordexponierten Wänden der Gründe und Schluchten unter günstigen geländeklimatischen Verhältnissen halten können. Weiterhin sind zahlreich vorhanden Waldgeißbart, Weiße Pestwurz mit ihren rhabarberähnlichen Blättern, Waldziest, Silberblatt und Wolliger Hahnenfuß. Die Felswände in den engen feuchten Gründen sind oft sehr intensiv mit Moos besetzt und verleihen den Sandsteinfelsen eine grünliche Färbung. *Ba*

Zeschnig, Kalkwerk 33

Gemeinde: Rathewalde, Ortsteil Hohburkersdorf
Landkreis: Sebnitz
nächste größere Stadt: Pirna
Erreichbarkeit: Autobahnausfahrt: Dresden-Altstadt (A 4), B 172 bis Pirna, Abzweig nach Hohnstein/Stolpen, Parkplatz an der Hocksteinschänke; Entfernung: 38 km
Zugänglichkeit: Kalkwerk Zeschnig nicht zugänglich; Hohburkersdorfer Rundblick frei zugänglich
Besichtigungsdauer: 1 bis 1 ½ Stunde
Abbildung: S. 80

Zwischen dem Parkplatz und der Hocksteinschänke verläuft die Lausitzer Störung, die den Granodiorit der Lausitz vom Sandstein der Sächsischen Schweiz trennt. Sie ist an der Oberfläche nur durch Lesesteine nachweisbar. Um so eindeutiger ist ihre Existenz jedoch im Untergrund verfolgbar. Etwa 100 m nördlich vom Parkplatz, markiert durch ein vom Grünland umgebenes Wäldchen, fällt ein dreifach gestufter Hang auf. Es sind kleine, übereinander angeordnete grasbewachsene Abraumhalden, die von dem ehemaligen Kalkwerk Zeschnig angelegt worden sind. Von 1780 bis 1872 hat man an dieser Stelle unterirdisch cenomane kalkreiche Konglomerate, die sehr reichlich Juragerölle führten, abgebaut. Sie wurden auf der Gleitbahn der Lausitzer Störung nach oben geschleppt und stehen in einem schmalen Band in einer Mächtigkeit von ca. 20 m oberflächennah an. An der tiefsten Stelle des Wäldchens führt ein ausgebauter 60 m langer Stollen zu dem unterirdischen Weitungsbau. Er mißt im Durchmesser 50 m und ist 6 m hoch. Getragen wird er von 15 teils künstlichen, teils natürlichen Pfeilern. Der Eingang wird durch eine Tür markiert. Stollen und unterirdischer Weitungsbau dienen heute als Winterquartier für zahlreiche Fledermausarten (Wasserfledermaus, Großes Mausohr, Braunes Langohr) und feuchtigkeitsliebende Lurche (u. a. Feuersalamander). Der sowohl naturkundlich als auch wirtschaftsgeschichtlich bedeutsame Stollen mit seinem Weitungsbau ist ein Denkmal alter Bergwerkskunst sowie Flächennaturdenkmal zugleich und steht unter Schutz. Eine Begehung ist gegenwärtig nicht möglich.

Am Gasthaus „Hocksteinschänke" stoßen wir auf die Ziegenrück- oder Kaiserstraße, die in Richtung Hohburkersdorf gewandert wird. Nach etwa 10 Minuten Fußmarsch mündet links der Straße ein befestigter Feldweg ein, der zum *Hohburkersdorfer Rundblick* führt. Dieser liegt in 392 m ü. d. M. südlich der gleichnamigen Ortslage auf einem Nordwest-Südost streichenden waldfreien Granitrücken, der sanft nach allen Seiten abfällt. Er gehört zu den Granitrandhöhen entlang der Lausitzer Störung und ist aus mehr oder weniger stark zerrüttetem Granodiorit aufgebaut, der von einer unterschiedlich mächtigen, mit kaltzeitlichem Lößlehm vermischten Verwitterungsdecke überlagert wird, die einen ertragreichen Ackerboden bereitstellt. Markiert ist der Rundblick durch eine weithin sichtbare Baumgruppe, in der ein Ehrenmal für die im Ersten Weltkrieg gefallenen Soldaten der Orte Rathewalde und Hohburkersdorf steht. Unmittelbar daneben befinden sich zwei aus Sandstein errichtete Aussichtskanzeln, wobei die eine nach Süden und die andere nach Norden orientiert ist. Auf den Steinbrüstungen sind Kupfertafeln mit eingravierten Visierlinien und den zugehörigen Objektnamen angebracht. Es lassen sich von hier aus verschiedene Landschaften in ihrer geologisch-geomorphologischen Struktur erfassen. In südlicher und südöstlicher Richtung breitet sich die erosiv stark zerschnittene Sandsteintafel der Sächsischen Schweiz aus. Man blickt gleichsam von einem Balkon in diese Landschaft hinein. Unmittelbar zu Füßen liegt 70 bis 80 m tiefer die relativ flachwellige Rathewalder Randebenheit. Auf ihr liegen Flußschotter der Elbe aus der Frühelsterkaltzeit und pleistozäne Kiesmoränenreste, vor allem aber weichselkaltzeitlicher Lößlehm. Die sich südwärts an die Randebenheit anschließenden Felsgruppierungen im Rathener Gebiet, so u. a. die Honigsteingruppe mit der Lokomotive, liegen nochmals um etwa 30 m tiefer. Nur der Lilienstein (414 m) und die noch weiter im Südosten gelegenen Tafelberge, wie Großer Zschirnstein (561,7 m) und Hoher Schneeberg (717 m) ragen höher auf. Ohne daß man die Elbe einsehen kann, wirkt das tief eingeschnittene Tal als Erosionsbasis und bestimmt somit den Grad der Zerschneidung. Eine geologisch-geomorphologisch anders geartete Landschaft wird links von der Waitzdorfer Höhe im Hintergrund sichtbar. Dort ragen bereits die Basalt- und Phonolithkuppen im nahen Böhmen auf, die dem tertiären Vulkanismus entstammen. Im Südwesten erblickt man die Höhenzüge des Osterzgebirges, insbesondere treten im Kammbereich Geising (Basalt) und Kahleberg (Rhyolith) hervor. In westlicher Richtung ist die Dresdner Elbtalweitung zu erkennen.

Von der nach Norden orientierten Kanzel schweift der Blick in das Granodioritgebiet der Lausitz. Dieser Landschaft geben sanft gewellte Formen, von einzelnen höheren Kuppen und Bergen mit konvex geböschten Oberhängen, gestreckten Mittelhängen und konkaven Unterhängen unterbrochen, das geomorphologische Gepräge. Alle schroffen Formen fehlen. Markant treten die drei mit Aussichtstürmen versehenen Granitberge Unger (537 m) bei Neustadt, Tanzplan (599 m) bei Sebnitz und Valtenberg (589 m) bei Neukirch hervor. Rund 6 km nördlich erhebt sich im ruinengekrönten Burgberg *Stolpen* eine ideal geformte Basaltkuppe. An der Wende vom Alt- zum Jungtertiär vor etwa 25 Mill. Jahren, als sich am Südrand des Erzgebirges die Nordböhmische Beckenzone einsenkte, durchbrach basaltische Lava die Granitdecke. Es ist der nordwestlichste Ausläufer der zu dieser Zeit das Lausitzer Granitmassiv an zahlreichen Stellen durchbrechenden Basalt- und Phonolithergüsse. Der widerstandsfähigere Basalt verwitterte weit langsamer als der im Stolpener Raum anstehende Stolpener Stockgranit. Infolgedessen überragt heute die Basaltkuppe als Härtling weithin die Umgebung. *Ba*

Zschirnsteine 34

Gemeinde: Reinhardsdorf-Schöna, Ortsteil Kleingießhübel
Landkreis: Pirna
nächste größere Stadt: Bad Schandau
Erreichbarkeit: Autobahnausfahrt: Dresden-Altstadt (A 4), B 172 über Pirna bis Bad Schandau, nicht die Elbe überqueren, sondern über Krippen und durch das Krippenbachtal nach Kleingießhübel; Entfernung: 51 km
Auch mit Bus erreichbar; nächster Bahnhof Schöna (ca. 6 km entfernt)
Zugänglichkeit: frei zugänglich
Besichtigungsdauer: ein Tag
Abbildung: S. 80

Der im Süden nahe zur Grenze zur ČSFR sich im Landschaftsbild markant abzeichnende *Große Zschirnstein* ist mit 563 m Höhe der höchste Berg des sächsischen Anteils des Elbsandsteingebirges. Nur sein böhmischer Nachbar, der Hohe Schneeberg (Děčinský Sněžník) übertrifft ihn mit 721 m Höhe noch wesentlich. Im Gegensatz zu den meisten freistehenden „Steinen" des Elbsandsteingebirges, die von Dörfern mit Feldbreiten und Wiesen umgeben sind, erheben sich der Große und der benachbarte nur 473 m hohe *Kleine Zschirnstein* aus einem ausgedehnten Waldgebiet, das eine siedlungsfreie Ebenheit von 370 bis 400 m Höhe bedeckt. Das bedingt auch eine relative Abgelegenheit. Außer in Kleingießhübel bietet sich im Zschirnsteingebiet auch keinerlei Einkehrmöglichkeit. Schaut man von Osten, etwa vom Großen Winterberg oder vom Zirkelstein, zum Großen Zschirnstein, so stellt man eine merkliche Neigung seiner Gipfelfläche nach Norden fest. Das wird gern als ein Beweis des nördlichen Einfallens der Sandsteinschichtenfolge des Elbsandsteingebirges gewertet. Tatsächlich ist die Gipfelfläche stärker geneigt als die Sandsteinschichten, schneidet diese also. Noch mehr spricht gegen einen solchen Beweis die genau entgegengesetzte Neigung der Gipfelfläche des Kleinen Zschirnsteines nach einer zwischen beiden Felsbergen gelegenen Einsattelung. Diese entspricht einer tektonischen Zerrüttungszone im Sandsteingebirge, die durch die Erosion nicht nur leichter ausräumbar war als der flankierende festere Sandstein, sondern in der Tertiärzeit auch von aufdringenden basaltischen Schmelzen genutzt wurde. Diese zu Basalt verfestigten Gesteine streichen nordöstlich vor dem Großen Zschirnstein und zwischen beiden Felsbergen großflächig aus, wo auch ein ausgedehntes Basaltblockfeld entwickelt ist. Ein vom einstigen Hauptherd abgezweigter kleinerer, stielartiger Basaltaufbruch wird auch auf dem Großen Zschirnstein angetroffen, wo er durch einen alten, heute fast völlig zugewachsenen Steinbruch erschlossen ist. Während der Fußhang des Großen Zschirnsteins und der gesamte Kleine Zschirnstein noch im Bereich der höheren Teile der Stufe c ausgebildet sind, gehören die an der Südseite des Großen Zschirnsteins mächtig aufragenden Sandsteinfelswände den Stufen d und evtl. e an (Oberturon – Coniac). In der Einsattelung zwischen beiden Zschirnsteinen, durch die der Schifferweg führt, ist eine lokale Wasserscheide ausgebildet, von der aus in nordöstlicher Richtung der Prölitzschbach, in westlicher aber der Hertelsbach abfließt.

Ein informativer Wanderweg führt von Kleingießhübel aus durch den Hirschgrund. Vor Erreichen des Schifferweges hat man zur Linken den Hang des Kleinen Zschirnsteines, zur Rechten den tiefen Einschnitt des Hertelsgrundes. Auf dem Schifferweg folgt man dem Wegweiser „Großer Zschirnstein-Wildpretshöhle" nach links. Nach etwa 400 m, wenige Schritte nach der Einmündung des von rechts kommenden Zschirnstein-Ringweges, kann man einem nicht bezeichneten und wenig deutlichen Pfad nach rechts in einen dunklen Fichtenbestand folgen und trifft in nur geringer Entfernung vom Schifferweg auf die durch zusammengestürzte große Felsblöcke gebildete *Wildpretshöhle* (auch als Wildpretskeller bezeichnet). Sie mag bei früheren kurfürstlichen Jagdzügen zur Ablage des erlegten Wildes gedient haben. Zurück zum Schifferweg und nach weiteren 400 m an einer Wegekreuzung nach rechts dem Wegweiser zum Großen Zschirnstein (Markierung roter Punkt) folgen. Vor einer Einzäunung weist die Markierung nach rechts aufwärts, wo man bald den mit Sandsteinplatten befestigten einstigen Fahrweg auf den Großen Zschirnstein erreicht, der sowohl zur Holzabfuhr als auch zum Abtransport des oben gebrochenen Basaltgesteins diente. Oben wendet sich der Weg scharf nach links und führt auf dem ansteigenden Plateau zum Mittagstein, dem höchsten Punkt an der Südspitze. Etwa auf halbem Wege zweigt rechts der jetzt verwachsene Zufahrtsweg zum Basaltbruch ab. Das Gestein erweist sich als ein grobkörniger (doleritischer), Leucit führender Basalt, der nicht wie sonst bei diesem Gestein, säulig abgesondert, sondern tiefengesteinsartig geklüftet ist. Verglichen mit anderen Sandsteinfelsbergen wird der Besucher des Großen Zschirnsteines auch über den etwas seltsamen und relativ jungen Waldbestand auf dem Plateau verwundert sein. Ursprünglich herrschten auch hier auf Sandstein Nadelwaldbestände und auf Basaltuntergrund Buchenwald. Jedoch wurde der gesamte Wald 1945 vernichtet, als flüchtende Heeresteile hier einen verheerenden Waldbrand verursachten. Nur wenige der schönen alten Buchen in der Nähe des Basaltbruches haben den Brand überlebt. Unter der jungen Neubestockung sind besonders ausgedehnte Birkenbestände anzutreffen.

Von der Südspitze des Großen Zschirnsteines, wo eine Schutzhütte errichtet ist, genießt man eindrucksvolle Ausblicke in östlicher, südlicher und westlicher Richtung. Vom Vorposten, östlich der Schutzhütte, erblickt man am Horizont die Höhen des Lausitzer Granitgebietes, näher die Schrammsteine und die Winterberge mit den nach Süden gerichteten Steilwänden. Davor sieht man den tiefen Einschnitt des Elbtales und bei Schöna die beiden Restberge Kaiserkrone und Zirkelstein. Nach Süden blickt man vom *Mittagstein*, auf dem eine alte Triangulierungssäule steht. Hier fällt die Südwand des Großen Zschirnsteines etwa 80 m senkrecht ab. Davor, in einer Senke des dicht bewaldeten Gebietes erstreckt sich in etwa 800 m Entfernung die Grenze zur ČSFR. Links blickt man über das von hellen steilen Felswänden gesäumte Elbtal auf die Ebenheit von Elbleiten (Labská straň) und die böhmischen Basalt- und Phonolithberge wie den schönen ebenmäßigen Kegel des nahen Rosenberges (Ružová hora), dahinter Tannenberg (Jedlová hora), Kaltenberg (Studený vrch), Kleiß (Klič) etc., im Südosten beherrscht der Hohe Schneeberg (Děčinský Sněžník) das Bild, im Osten aber die Berge des Osterzgebirges. Auf einer weiter rechts gelegenen Felsplatte befindet sich eine große schüsselartige Vertiefung, das sog. *Rabenbad.* Ob sein Ursprung auf eine lockere Partie im einstigen Sandsteinmassiv oder auf Verwitterungsprozesse besonderer Art zurückgeht, ist strittig.

Nun den Weg über das Plateau zurück. Kurz vor der Abbiegung nach rechts führt links ein Pfad über die niedrigeren nördlichen Felswände in den Sattel zwischen beiden Zschirnsteinen. Kurz vor Erreichen des Schifferweges überschreitet man den um den Großen Zschirnstein herumführenden Ringweg. Die ursprünglich von ihm gepriesenen Ausblicke sind völlig verwachsen, so daß sich eine Begehung wenig lohnt. Wir erreichen den Schifferweg wieder nahe der Wildpretshöhle und gehen nochmals die 400 m nach rechts bis zur Wegekreuzung. Ein kurzes Verweilen sei einer Merkwürdigkeit dieses Gebietes gewidmet: würden wir dem Schifferweg weitere 500 m folgen, kämen wir zu dem ihn querenden und zur Straße ausgebauten Wiesenweg, die alte Tetschener Straße, die links nach Kleingießhübel, rechts aber zum „Böhmischen Tor" führte, wo sie die Grenze überschritt. Hier soll der Sage nach Kleingießhübel gegründet worden sein. Alte Karten verzeichnen hier die „Gieshübler erbgütter" und die Kleingießhübler Bauern hatten auch noch zu Anfang unseres Jahrhunderts Rechte an Wiesen. Noch vorhandene Grenzsteine grenzten die Kleingießhübler Flur gegen die Reinhardsdorfer ab. Zudem gibt es, selbst im Ortsnamen Kleingießhübel, Hinweise auf eine einstige Eisengewinnung und -verhüttung. Tatsächlich finden sich in diesem Gebiet alte pingenartige Löcher mit Bruchstücken von Brauneisenerz, wie es oft im Kontaktbereich Basalt/Sandstein entwickelt ist. Gab es hier an der alten Tetschener Straße einst primitive Gießhütten und eine zugehörige kleine Ansiedlung? Und weshalb wurde die Siedlung ins Tal verlegt? Sichere Beweise dafür fehlen.

Doch nun folgt man dem Wegweiser nach links zum Kleinen Zschirnstein. Bald verzweigt sich der Weg mehrfach, zu verschiedenen Felsplatten über der Nordwand dieses Felsberges führend, wo sich die vom Großen Zschirnstein fehlende Aussicht nach Norden zu den „Steinen"

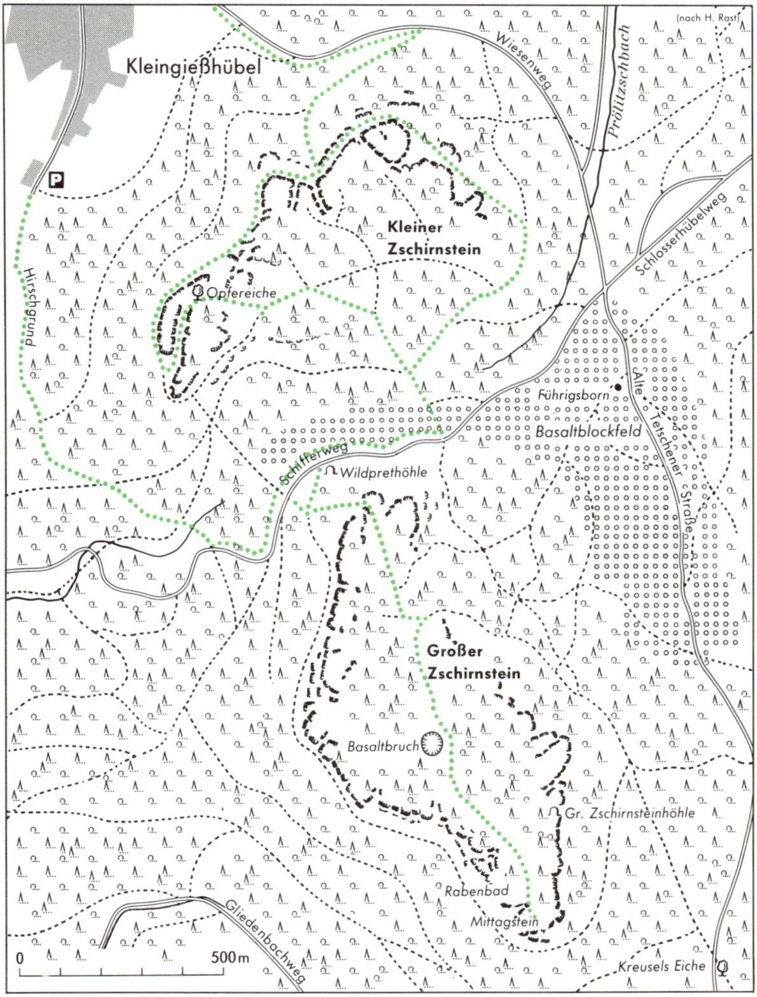

des mittleren Elbsandsteingebirges ergänzt. Eine Besonderheit trifft man auf dem westlichsten Felskomplex an: die *Opfereiche.* Der Stamm ist völlig ausgehöhlt, nur noch der halbe Rindenmantel und wenig Holz sind verblieben. Trotzdem weist der Baum eine volle und laubreiche Krone auf. Von hier aus kann man absteigen und auf einem Pfad die Nordseite des Kleinen Zschirnsteines am Fuße der Felskrone umgehen. Hier sind besonders tiefe Schichtauswitterungen, Schichthöhlen, Alaun- und Gipsverwitterungen, gefährlich anmutende überhängende Felswände und massiges abgestürztes Blockwerk zu beobachten. Zweifellos sind solche Felswände für zu erwartende Felsstürze prädestiniert. Wo der Pfad nicht mehr zu erkennen ist, kann man nach links absteigen, erreicht bald den Wiesenweg (Straße!) und auf ihm nach ca. 1000 m Kleingießhübel. *Ra*

Bildquellenverzeichnis:
Prof. Dr. H. Barthel, Dresden. – B. Bastian, Dresden. – Dr. D. Beeger, Dresden. – Dr. A. Hanle, Ilvesheim. – Dr. V. Janicke, München. – M. Mehlig, Lauf. – W. Otto, Oberhausen. – Dr. H. Rast, Leipzig. – FOTOAGENTUR SELECTED SLIDES, Nürnberg. – M. Seidel, Dresden. – H. L. Stutte, Wolfratshausen. – Xeniel-Dia, Stuttgart.
Titelbild: Dr. Adolf Hanle, Ilvesheim

Glossar

Abflußregime: der Gang der mittleren monatlichen Abflußmengen von Flüssen, d.h. das Auftreten von Niedrig- und Hochwasser während eines Jahres. Beeinflussende Klimafaktoren sind Eis, Schnee und Regen.

Abrasion: die abtragende Tätigkeit der Meeresbrandung. Sie schafft einen Steilabfall an der Küste, das ↑Kliff, vor dem die Abrasionsplatte liegt.

Absonderung: Zergliederung von Gesteinsmassen an Klüften, Spalten, Schicht- und Schieferungsflächen; die Absonderungsformen sind platten-, säulen-, quaderförmig oder kugelig.

Abspülung: Abschwemmung feinen Materials von der Erdoberfläche durch abfließendes Regenwasser; bei geringer Hangneigung herrscht *Flächenspülung* vor, die bei stärkerem Regen und steileren Hängen zur *Rillenspülung* wird.

Abtragung: Gesamtheit aller Vorgänge, die zur Erniedrigung und Einebnung der Erdoberfläche führen. Als *Denudation* wird die mehr flächenhafte, als *Erosion* die mehr lineare Abtragung bezeichnet.

Agglomerat: oft unverfestigte Ablagerung aus losen eckigen und groben Gesteinsstücken.

Alaun: Doppelsulfat, das früher aus *Alaunschiefer,* einem dunkelgrauen bis schwarzen, feinkörnigen Sedimentgestein gewonnen wurde.

alluviale Schotter: durch Anschwemmung entstandene, junge Schotterablagerungen.

alpidische Faltung: Gebirgsbildung (Faltungsphase) in der Zeit vom Keuper bis zum Pleistozän.

Ammoniten: ausgestorbene Gruppe der Kopffüßer mit äußerer Kalkschale. Das Gehäuse war meist zu einer Spirale eingerollt. Ausgezeichnete Leitfossilien, die vom Unterdevon bis zum Ende der Kreide mit über 5000 Arten auftreten.

Anatexis: teilweises oder völliges Aufschmelzen fester Gesteine innerhalb der Erdkruste durch Druck- und Temperaturänderung.

Anstehendes: Gesteine, die sich in ihrem natürlichen Gesteinsverband befinden und der Beobachtung leicht zugänglich sind.

Antiklinale (Antikline): Sattel einer geologischen Falte.

Anzapfen (Flußanzapfung): durch rückschreitende Erosion verlegt ein Fluß sein Quellgebiet so weit zurück, daß er, unterstützt durch größeres Gefälle, den Oberlauf eines anderen Flusses an sich zieht; tritt besonders in Schichtstufenlandschaften und in ehemals vergletscherten Gebieten auf.

äolisch: alle durch den Wind hervorgerufenen bzw. beeinflußten geomorphologischen Erscheinungen.

arid: trocken, dürr. Im ariden Klima ist die Verdunstung größer als der Niederschlag.

Arkose: Sandstein mit hohem Anteil an Feldspäten (über 25%) und Glimmern; entstand unter trocken-heißen Bedingungen durch Verwitterung von Gesteinen, die reich an solchen Mineralen sind (z.B. Gneis und Granit).

Asche (vulkanische Asche): staubförmige bis feinsandige, in die Luft geschleuderte Lockerprodukte des feinst zerrissenen Magmas eines Vulkanausbruchs.

assyntische Faltung: Gebirgsbildung (Faltungsphase) im jüngeren Präkambrium, vor etwa 600 Millionen Jahren.

Aue (Talaue): der bei Hochwasser überflutete und mit dessen Sedimenten (dem feinkörnigen, humushaltigen *Auelehm*) überlagerte Teil des Talbodens; meist mit *Auewald* (Weichholzauen mit Weiden- und Pappelarten, Hartholzauen mit Stieleiche, Esche und Ulmen) bestanden.

Aufschluß: Stelle an der Erdoberfläche, an der ein den Untergrund aufbauendes Gestein zutage tritt; es gibt natürliche (Felswände, Steilufer) und künstliche Aufschlüsse (Steinbrüche u.a.).

Aufschüttung: mechanische Anhäufung von Abtragungsmaterial aller Art, von vulkanischen Lockermassen, von Gesteinsmaterial durch Wind (Dünen), Flüsse (Schotter) und Gletscher (Moränen).

Auskolkung: örtliche Vertiefung der Flußsohle, besonders bei Wasserfällen oder starker Wasserströmung in Engstrecken, ↑auch Kolk.

Auslaugung: Wegführung leicht löslicher Substanzen aus dem Gesteinsverband.

Auslieger: ein ↑Zeugenberg unmittelbar vor einer Schichtstufe, mit der er am Sokkel zusammenhängt.

Ausspülung: Wegführung von feinen und feinsten Bodenteilchen unter der Oberfläche durch Sickerwasser und Quellwasserströme; führt u. a. zur Bildung von Blockmeeren.

Bankung: dicke plattenförmige Absonderung von Sediment- und Erstarrungsgesteinen.

Basalte: Gruppe dunkler basischer Ergußgesteine. Basalte, die häufigsten Ergußgesteine, sind meist kompakt, aber auch schlackig, blasig und als Mandelsteine ausgebildet. Sie kommen als Lavadekken und -ströme, Kuppen und Gänge sowie als Aschen und Tuffe vor; häufig weisen sie säulenförmige Absonderungen auf.

Becken: 1) in der Geomorphologie versteht man darunter eine größere Hohlform im Gelände (Kessel, Wanne oder Graben). 2) in der Geologie bezeichnet Becken einen größeren Sedimentationsraum mit meist schüsselförmig gelagerten Schichten.

Befahren: das Begehen und Besichtigen eines Bergwerkes oder einer Höhle.

Belemniten: ausgestorbene Ordnung der Kopffüßer, vom Unterkarbon bis zur Oberkreide. Sie besaßen einen langgestreckten Körper mit einem mehrteiligen Innenskelett. Erhalten ist meist nur das massive, spitz zulaufende Körperende (volkstümlich: Donnerkeil). Wertvolle Leitfossilien für Jura und Kreide, v. a. Oberkreide.

Bergrutsch: das Abrutschen größerer Felsmassen an Berghängen, bei Lockermaterial *Erdrutsch,* bei kleineren Felsmassen *Felsrutsch.* Ein Bergrutsch größeren Ausmaßes wird allgemein als *Bergsturz* bezeichnet.

Biotit: dunkelgrünes oder braunes bis schwarzes Mineral aus der Gruppe der ↑Glimmer.

Biotop: bestimmter Lebensraum von Pflanzen und Tieren. Jedes B. weist besondere Umweltverhältnisse auf, in denen charakteristische Lebewesen eine Lebensgemeinschaft, die sog. *Biozönose* bilden. Biotop und Biozönose bilden zusammen das *Ökosystem.*

Blockbildung: Bildung von Gesteinsblökken aus dem anstehenden Gestein durch Verwitterung, Auswaschung und Abspülung. Setzen sich die Blockmassen durch Bodenfließen in Bewegung, kommt es an Steilhangfüßen zur Bildung von Blockhalden, in Tälern zu Blockströmen. Ein *Blockmeer* (auch Felsmeer genannt) dagegen hat eine größere seitliche Ausdehnung als der Blockstrom und ist kaum bewegt worden.

Boden: die durch physikalische und chemische Verwitterungsvorgänge, biogene Umsetzungen (u. a. Bildung von Humus) und vielfältige Verlagerungsprozesse an der Erdoberfläche entstandene belebte Lockermaterialschicht über dem Gestein. Böden bestehen aus Gemischen von Bodenteilchen mit verschiedener ↑Korngröße.

Bodenerosion: durch die Tätigkeit des Menschen ausgelöste oder verstärkte und durch Wasser oder Wind bewirkte Abtragung von Böden, die bis zur völligen Bodenzerstörung führen kann.

Bodenfließen (Solifluktion): fließende bis kriechende Bewegung aufgeweichter Lockermassen, besonders in Gebieten mit Frostwechselklima. Kann zur Bildung von Strukturböden und zu Blockmeeren führen.

Bodenprofil: senkrechter Schnitt des Bodens, der die übereinanderfolgenden Bodenschichten oder Bodenhorizonte zeigt.

Bodensubstrat: das Ausgangsmaterial (Gestein), aus und auf dem sich der Boden entwickelt hat.

Bohnerz: erbsen- oder bohnenförmige Brauneisenknollen, die zusammen mit Tonen oder Lehmen in Spalten, Rinnen, Becken oder Höhlen der verschiedensten Kalkgesteinsvorkommen auftreten.

Boreal: Zeitabschnitt der Nacheiszeit, in Mitteleuropa gekennzeichnet durch warmes, trockenes Klima.

Brauneisenstein (Limonit): ocker- bis bräunlichgelbes, auch braunes, durch Verwitterung aus verschiedenen eisenhaltigen Mineralen entstandenes Eisenerz.

Braunerde: im gemäßigt-humiden Klimabereich weit verbreiteter Bodentyp, der auf kalkarmen, silikatisch-quarzitischen Gesteinen unter Laub- und Mischwäldern entsteht; Humusbildung im A-Horizont und Bildung von Tonmineralen und braun färbenden Eisenoxidhydraten im B-Horizont.

Breccie (Brekzie): grobkörniges Sedimentgestein; verfestigter Schutt aus eckigen Gesteins- und Mineralstücken, die durch ein toniges, kalkiges oder kieseliges Bindemittel verkittet sind.

Bruch: ↑Verwerfung.

Bruchstufe: an eine Verwerfung gebundene, durch tektonische Hebung oder Senkung entstandene Landstufe.

Bruchtektonik: Zerbrechungs- und Versetzungserscheinungen und -formen der Erdkruste, die, verbunden mit Bildung von Klüften, Spalten und Verwerfungen, zur Entstehung von Gräben, Horsten, Bruchstufen u. a. führen.

Bulten: kleine, bucklige Höcker an Mooroberflächen.

Buntsandstein: älteste Abteilung der germanischen Trias, ↑Geologische Zeittafel.

Calcit (Kalkspat): meist durchsichtiges, weißes Mineral der chemischen Zusammensetzung $CaCO_3$; häufig vorkommend, oft gesteinsbildend.

Caldera: große, kesselförmige Hohlform vulkanischer Herkunft. Entsteht durch Wegsprengen eines Vulkangipfels oder des ganzen Kegels sowie durch Einsturz über einer oft erloschenen Magmakammer.

Cenoman: Stufe der ↑Kreide.

colline Stufe (kolline Stufe): unterste Höhenstufe der Vegetation in den gemäßigten Breiten.

Coniac: Stufe der ↑Kreide.

Cañon: tief eingeschnittenes, enges Tal in nahezu waagerecht lagernden Gesteinspaketen mit gestuften Talhängen, meist in trockenen Gebieten.

C-14-Methode (Kohlenstoffmethode): Methode zur Altersbestimmung mittels der relativ kurzen Halbwertzeit des Kohlenstoffisotops C^{14} (5700 Jahre).

Deckgebirge: die nicht oder wenig gefalteten Sedimente, die einen tiefgründig abgetragenen, intensiv gefalteten, durch Intrusion oder Metamorphose veränderten älteren Unterbau überlagern. Gegensatz: Grundgebirge.

Delle: flache, längliche Einsenkung der Erdoberfläche mit muldenförmigem Querschnitt, ohne fließendes Gewässer; besonders auf Hochflächen oder im Quellbereich von Tälern.

Denudation: flächenhafte ↑Abtragung.

Devon: System des Paläozoikums, ↑Geologische Zeittafel.

Diorit: helles, körniges Tiefengestein.

Diskordanz: ungleichsinnige Lagerung von Gesteinsschichten.

Dislokation: jede Veränderung der normalen Lagerung eines Gesteins und jegliche Unterbrechung seines ursprünglichen Zusammenhanges; die Hauptursachen sind Faltung, Überschiebung oder Verwerfung.

Doline: trichter- oder schüsselförmige Hohlformen in Karstgebieten. Beim Einbruch von unterirdischen Hohlformen spricht man von einer *Einsturzdoline* oder einen ↑Erdfall; bildet sich das Trichterloch unmittelbar durch Gesteinsauslaugung an der Oberfläche, spricht man von einer *Trichter-* oder *Karrendoline.*

Dolomit: körniges bis dichtes Schichtgestein, das v. a. aus dem gleichnamigen Mineral und aus Kalkspat besteht; entstand meist durch chemische Umwandlung von Kalkstein.

Druse: mit Kristallen ausgekleideter Hohlraum in Gesteinen.

Dünen: vom Wind angewehte Sandablagerungen mit Höhen von wenigen bis einigen hundert Metern. Man unterscheidet *Binnendünen* im Innern eines Landes und die aus Meeressand gebildeten *Strand-* oder *Küstendünen.*

Durchbruchstal: enges Flußtal, das einzelne Gebirgsketten oder das ganze Gebirge durchbricht. Die Täler verlaufen quer zur Streichrichtung der Falten.
Ebenheit (Verebnungsfläche): geomorphologisches Erscheinungsbild im Elbsandsteingebirge; sie bildeten sich in tektonischen Ruhepausen durch die Erosionsarbeit der Elbe und waren in der Elster-Eiszeit vom Eis bedeckt.
Einfallen: ↑Streichen und Fallen.
Einsprengling: größerer Einzelkristall in der Grundmasse von magmatischen Gesteinen.
Eiszeit (Glazial): Zeitraum der Erdgeschichte, der infolge weltweiter, nachhaltiger Klimaverschlechterung durch große Ausdehnung der festländischen Vergletscherung geprägt ist.
Eiszeitalter: durch mehrfache Abfolge von Kalt-(Eis-) und Warmzeiten geprägter Zeitraum der Erdgeschichte; bezieht sich v. a. auf das Pleistozän.
Elster-Eiszeit: Eiszeit des ↑Pleistozän.
Eozän: zweitälteste Abteilung des Tertiärs, ↑Geologische Zeittafel.
Erdaltertum (Paläozoikum): ↑Geologische Zeittafel.
Erdbeben: natürliche Erschüttereungen der Erdkruste, die von einem Erdbebenherd im Erdinnern ausgehen und sich wellenförmig an der Erdoberfläche fortpflanzen. Man unterscheidet tektonische, vulkanische und Einsturzbeben.
Erdfall: durch unterirdische Auslaugung von Salz, Gips oder Kalkstein und Nachsacken der darüberliegenden Schichten entstandene Vertiefung an der Erdoberfläche.
Erdinneres (Erdaufbau): schalenartiger Aufbau der Erde, bestehend aus Erdkruste, Erdmantel und Erdkern, über deren Zusammensetzung es verschiedene Theorien gibt.
Erdmittelalter (Mesozoikum): ↑Geologische Zeittafel.
Erdneuzeit (Känozoikum): ↑Geologische Zeittafel.
Erdrutsch: ↑Bergrutsch.
Ergußgesteine (Ausbruch-, Effusivgesteine, Vulkanite): magmatische Gesteine, die im Rahmen vulkanischer Tätigkeit durch Erstarren des aus der Tiefe aufgedrungenen Magmas an der Erdoberfläche gebildet wurden.
Erosion: lineare Abtragung der Erdoberfläche, v. a. durch die einschneidende und ausräumende Tätigkeit des fließenden Wassers.
Erstarrungsgesteine: ↑magmatische Gesteine.
Eruption: Sammelbegriff für vulkanische Ausbruchstätigkeit, also das Hervordringen von Magma an die Erdoberfläche.
Eruptivgesteine: ↑magmatische Gesteine.
Erz: Minerale, Mineralgemenge oder Gesteine, aus denen Metalle oder Metallverbindungen gewonnen werden können.
Erzlagerstätten: natürliche Anhäufungen von Erzen in der Erdkruste, die für eine wirtschaftliche Gewinnung in Frage kommen können. Nach der Entstehung der Erze unterscheidet man drei Gruppen: *magmatische Lagerstätten* (meist im Zusammenhang mit plutonischen Vorgängen entstanden), *sedimentäre Lagerstätten* (durch mechanisch- oder chemisch-sedimentäre Vorgänge [Seifen] oder Verwitterungsvorgänge entstanden) und *metamorphe Lagerstätten.*
Eutrophierung: die unerwünschte Zunahme an Nährstoffen in einem Gewässer (Abwässer, Überdüngung) und das damit verbundene Wachstum von Pflanzen (v. a. Algen) und tierischem Plankton; führt zu einer erheblichen Verminderung des Sauerstoffgehaltes des Wassers.
Exhalation: Ausströmen von Gasen bei der vulkanischen Tätigkeit.
Fallen: ↑Streichen und Fallen.
Falte: durch Auf- und Abbiegung von Gesteinsschichten entstandene Verbiegungsformen; der Vorgang der *Faltung* wird durch seitlichen Druck und Einengung ausgelöst. Die Falte besteht aus zwei Schenkeln und der Umbiegung; bei einer *Mulde* (Synklinale) fallen die Schenkel aufeinander zu, bei einem *Sattel* (Aktiklinale) weisen sie voneinander weg.
Faltungsphasen: Zeiten verstärkter gebirgsbildender Aktivität der Erde.
Fanglomerat: verfestigte Ablagerung aus durch heftige Niederschläge ausgelösten

Schichtfluten in sonst trockenheißen Gebieten; meist eckige Gerölle.

Faulschlamm (Sapropel): schwarzer Schlamm am Boden nährstoffreicher Gewässer; sehr fett- und eiweißreich; Vorstufe der Erdölbildung.

Fazies: Merkmale, die für die Bildung eines Sedimentgesteines charakteristisch sind.

Feldspäte: Gruppe gesteinsbildender Silikate; unterteilbar in Alkalifeldspäte und Plagioklase.

Feldspatvertreter (Foide): gesteinsbildende Minerale, die in magmatischen Gesteinen mit einem Kieselsäuredefizit die Feldspäte „vertreten".

Felsenmeer: ein Ergebnis der ↑Blockbildung.

Fenster (geologisches Fenster): eine durch Abtragung entstandene Lücke in einer Überschiebungsdecke, wodurch die an Ort und Stelle gebildete Unterlage sichtbar wird.

Flußspat (Fluorit): meist auf Erzgängen vorkommendes Mineral, CaF_2.

fluvial: vom fließenden Wasser bewirkt, transportiert, abgelagert.

fluvioglazial: durch das Zusammenwirken von fließendem Wasser und Gletschereis entstanden.

Formation: veraltet für ↑System; bezeichnet heute nur noch einen genetisch zusammengehörenden Gesteinsverband (z. B. Erzformation).

fossil: Vorgänge und Erscheinungen, die einer früheren geologischen Epoche angehören.

Fossilien: Überreste von Tieren oder Pflanzen (auch deren Lebensspur) aus erdgeschichtlicher Vergangenheit.

Frostsprengung: Verwitterungsprozeß, mechanische Zerstörung von Gesteinen und Mineralen durch Volumenvergrößerung des Wassers beim Gefrieren.

Fuge (Gesteinsfuge): übergeordneter Begriff für alle Trennflächen im Gestein.

Gang: Ausfüllung von Spalten in Gesteinen mit Erzen und anderen Mineralen oder Ergußgesteinen; Gänge treten oft als parallel verlaufende Gangsysteme auf.

Gebirgsbildung (Orogenese): durch Hebungs- und Senkungsvorgänge bewirkte, nachhaltige Verformung begrenzter Bereiche der Erdkruste; sie ruft, in Verbindung mit Gesteinsverlagerungen, Faltung, Bruchtektonik, Vulkanismus, Plutonismus oder Erdbeben, Oberflächenformen von hoher Reliefenergie hervor. Sie wird primär durch Bewegungen des Erdmantels ausgelöst.

Geologie: Lehre von der Entstehung, Entwicklung und Veränderung der Erde und der sie bewohnenden Lebewesen in erdgeschichtlicher Zeit.

geologische Orgeln: einzelne oder meist mehrere kessel- oder trichterförmige Einsenkungen in Kalkgesteinen, durch Auslaugung entstanden und meist mit Geröll verfüllt.

geologische Fenster: ↑Fenster.

Geologische Zeittafel: ↑Tabelle.

Geomorphologie: Lehre von den auf die Erdoberfläche gestaltend wirkenden physischen Kräften und den durch sie geschaffenen Formen.

Geosynklinale: weiträumiges Senkungsgebiet der Erdkruste, in dem sich große Mengen von Sedimentgesteinen ansammeln, die nach einer Faltung als Gebirge herausgehoben werden.

Geröll: durch bewegtes Wasser transportierte und abgelagerte Gesteinsbruchstücke mit Kantenrundung; eine Ansammlung von Geröll wird als *Schotter* bezeichnet.

Geschiebe: durch Gletschereis transportierte Gesteinsbrocken.

Gesteine: natürliche feste Bindungen innerhalb der Erdkruste; nach der Entstehung unterscheidet man magmatische Gesteine, Sedimentgesteine und metamorphe Gesteine.

Gips: gesteinsbildendes Mineral; weich, leicht spaltbar.

Glazial: ↑Eiszeit:

Glazialerosion: die ausschürfende Tätigkeit der Gletscher und des Eises; typische Formen sind Gletscherschliff und -schrammen, Rundhöcker, Drumlins, Toteislöcher, Kare, Trogtäler und Zungenbecken.

Gleithang: das sanftgeneigte, an der Innenseite einer Flußkrümmung liegende Ufer; Ablagerungsgebiet für das vom

Geologische Zeittafel

Ära	System	Abteilung	Beginn vor Mill. Jahren
Känozoikum (Erdneuzeit)	Quartär	Holozän	0,01
		Pleistozän	2,5
	Tertiär	Pliozän	5
		Miozän	25
		Oligozän	38
		Eozän	55
		Paläozän	65
Mesozoikum (Erdmittelalter)	Kreide	Oberkreide	98
		Unterkreide	144
	Jura	Malm	163
		Dogger	188
		Lias	213
	Trias	Keuper	231
		Muschelkalk	243
		Buntsandstein	248
Paläozoikum (Erdaltertum)	Perm	Zechstein	258
		Rotliegend	286
	Karbon	Oberkarbon	333
		Unterkarbon	360
	Devon	Oberdevon	374
		Mitteldevon	387
		Unterdevon	408
	Silur		438
	Ordovizium		505
	Kambrium	Oberkambrium	525
		Mittelkambrium	540
		Unterkambrium	590
Präkambrium		Proterozoikum	2500
		Archaikum	4000

Fluß mitgeführte Sand- und Geröllmaterial.

Gletscher: geschlossene Eismassen, die sich der Schwerkraft folgend bewegen; sie werden unterteilt in Talgletscher, Kargletscher, Eisstromnetze, Gebirgs- und Plateaugletscher.

Glimmer: Gruppe blättchenartiger Silikate.

Gneis: Gruppe metamorpher Gesteine mit den Hauptbestandteilen Quarz, Feldspat und Glimmer, hervorgegangen aus magmatischen Gesteinen (Orthogneis) oder Sedimentgesteinen (Paragneis).

Graben: Einsenkung eines Erdkrustenstreifens zwischen stehengebliebenen oder gehobenen Schollen und längs von Verwerfungen.

Granit: mengenmäßig häufigstes Tiefengestein mit den Hauptbestandteilen Feldspat, Quarz und Glimmer; kommt in Form von mächtigen Massiven (Stöcken) sowie in Gängen vor.

Granodiorit: kieselsäurereiches Tiefengestein ähnlich dem Granit, jedoch mit mehr Plagioklas und dunklen Gemengeteilen.

Grauwacke: graue bis graugrüne Sandsteine mit hohem Quarz- und Feldspatanteil; bestehend aus zahlreichen Gesteinsbruchstücken.

Grenzhorizont: in der Moorkunde Kontaktzone zwischen dem oberen und dem unteren Torfmoos; eine hellere, tonarme Sedimentschicht.

Gründe: ostdeutsche Bezeichnung für steilwandige Täler in den Mittelgebirgen.

Grundgebirge: die älteren, meist aus metamorphen oder Tiefengesteinen bestehenden Gesteinskomplexe, denen die jungen Gesteinsschichten als ↑Deckgebirge auflagern.

Grundmoräne (Untermoräne): an der Gletscherbasis abgelagerter Gesteinsschutt.

Grundwasser: Wasser, das infolge Versickerung von Niederschlägen und Versinkung oberirdischer Gewässer in den Erdboden eingedrungen ist und im Gestein Hohlräume füllt.

Grünsandstein: durch Anreicherung von Glaukonit grün gefärbtes Sedimentge-

stein; u. a. aus der Kreide und dem Tertiär bekannt.
Grus: durch Verwitterung gebildeter feiner Gesteinsschutt.
Hangendes: die über einer bestimmten Gesteinsschicht oder Lagerstätte liegende meist jüngere Schicht im Gegensatz zu der jene unterlagernden Schicht, dem *Liegenden*.
Hängetal: Seitental, dessen Sohlenniveau bei der Einmündung höher als dasjenige des Haupttales liegt; die, oft glazial bedingte Differenz, wird meist durch einen Wasserfall überwunden.
Harnisch: durch Reibung von Gestein gegen Gestein in der Bewegungsrichtung geschrammte oder geglättete, z. T. glänzende (Spiegelharnisch) Flächen.
Härtling: auf Grund seiner Widerstandsfähigkeit gegenüber Abtragung und Verwitterung über ihre Umgebung herausragende Erhebung.
Heide: baumlose Zwergstrauchformation auf nährstoffarmen Böden.
Hochmoor: ↑Moor.
Hochterrasse: markiert ein ehemaliges Flußbett; liegt über der heutigen Flußaue und der jetzigen Niederterrasse.
Hochufer (Hochgestade): der Rand der Talaue, der vom Hochwasser nicht mehr überflutet wird.
Höhlen: natürliche oder künstliche Hohlräume im Gestein. *Primäre Höhlen* entstehen bei der Gesteinsbildung selbst: Lavahöhlen, Riffhöhlen, Kalktuff- oder Sinterhöhlen, *sekundäre Höhlen* durch Einwirkung äußerer Kräfte, etwa Lösungsvorgänge im Gestein: Brandungshöhlen und Karsthöhlen.
Holozän: jüngere Abteilung des Quartärs, ↑Geologische Zeittafel.
Hornblende: gesteinsbildendes Mineral (Amphibol).
Horst: gehobener oder stehengebliebener, meist von parallelen Verwerfungen begrenzter Teil der Erdoberfläche.
Humus: die abgestorbenen, organischen Bodenbestandteile.
Hutewald (Hutung): Waldweide.
Ignimbrit: vulkanisches Förderprodukt; Schmelztuff aus dem Auswurfmaterial von Glutwolken.
Interglazial: Zwischeneiszeit oder Warmzeit zwischen zwei Eiszeiten.
Intrusion: Vorgang des Eindringens und Erstarrens von Magma in Gesteine der festen Erdkruste.
Jura: mittleres System des Mesozoikums, ↑Geologische Zeittafel.
kaledonische Faltung: Gebirgsbildung (Faltungsphase) im Altpaläozoikum, vom Oberkambrium bis zum Unterdevon.
Kalksinter (Kalktuff, Süßwasserkalk): ein aus Süßwasser durch rasches Entweichen von Kohlensäure ausgefällter Kalkstein; infolge von Verunreinigungen und Überkrustung von Pflazenresten weist er eine lockere, poröse Struktur auf.
Kalkstein: Sedimentgestein, das überwiegend aus Calcit, daneben auch aus Aragonit (Kalkspat) oder Dolomit besteht; bildet sich durch chemische Ausfällung oder aus Kalkschalen und -skeletten von Tieren oder auch pflanzlichen Organismen.
Kaltzeit: ↑Eiszeit.
Kambrium: ältestes System des Paläozoikums, ↑Geologische Zeittafel.
Känozoikum (Erdneuzeit): geologische Ära, ↑Geologische Zeittafel.
Karbon: System des Paläozoikums, ↑Geologische Zeittafel.
Karren (Schratten): durch Regenwasser entstandene Rinnen auf Kalkoberflächen; Auslaugung infolge chemischer Verwitterung.
Karst (nach der gleichnamigen slowenischen Landschaft im Triester Hinterland): steht allgemein für den durch chemische Zersetzung in leicht wasserlöslichen Gesteinen (Kalk- und Gipsgesteine) entstehenden Formenschatz. Die starke Wasserdurchlässigkeit dieser Gesteine läßt an der Oberfläche nur eine kärgliche oder gar keine Pflanzenwelt entstehen, so daß sich oft regelrechte Steinwüsten bilden; man spricht von einer Verkarstung des entsprechenden Gebietes. Das Niederschlagswasser versickert in das klüftige Kalkgestein und bildet dort verzweigte unterirdische Gewässernetze, die manchmal auch Höhlen durchfließen und somit Höhlenflüsse bilden. Die Stellen, an denen dieses Wasser zutage tritt, nennt man Karstquellen. Es handelt sich hierbei je-

doch nicht um natürlich gereinigtes Quellwasser, da z.T. große Mengen Schwebstoff mitgeführt werden. Die einzelnen Erscheinungsformen des Karstes wie ↑Höhlen, ↑Dolinen, Uvalas, Ponore, ↑Karren u. a. sind in ihrer Ausbildung von der Gesteinsbeschaffenheit, dem Klima, der Vegetation und besonders den Wasserverhältnissen abhängig.

Kerbtal (V-Tal): durch Tiefenerosion entstandenes V-förmiges Tal.

Kessel: in der Geographie ein von Berghängen umschlossener Talgrund mit rundlichem Grundriß; in der Geologie eine tektonische Mulde, bei der die Schichten von allen Seiten zum Muldentiefsten hin einfallen.

Keuper: jüngste Abteilung der germanischen Trias, ↑Geologische Zeittafel.

Kies: zertrümmertes, sedimentäres Lockergestein; besteht aus durch Wasser oder Eis gerundeten Gesteinsbrocken.

Klamm: enges, tief eingeschnittenes Tal mit fast senkrechten oder überhängenden Wänden.

klastische Gesteine: ↑Trümmergesteine.

Kliff: durch Brandungstätigkeit an Steilküsten erzeugte Steilwand; durch Unterwaschung und Nachsturz kann sich die Kliffküste immer weiter landeinwärts verlagern.

Kluft: feine Gesteinsfuge, die sich zur Spalte erweitern kann; Klüfte entstehen durch tektonischen Zug oder Druck sowie bei der Erstarrung magmatischer Gesteine.

Kolk: Hohlform kleineren Ausmaßes. 1) (auch Strudelloch, Strudeltopf); senkrechte, bis zu mehreren Metern tiefe, kesselförmige Aushöhlung im Gestein einer Flußsohle. Ein K. entsteht durch die strudelnde Bewegung von Wasser, das Sand und Geröll mit sich führt. Auskolkungen werden auch durch die Brandungswellen an Felsküsten bewirkt sowie unter Gletschern, wobei Gletschermühlen sog. Gletschertöpfe entstehen. 2) Kleine, offene Wasserstellen in Hochmooren; auch als Mooraugen oder Blindseen bezeichnet.

Konglomerat: grobkörniges Sedimentgestein aus gerundeten Gesteinsbruchstükken (Geröll), die durch tonige, kalkige, kieselige oder eisenhaltige Bindemittel verkittet sind.

Konkordanz: gleichsinnige Lagerung von Gesteinsschichten.

Konkretion: unregelmäßig geformter aus Mineralaggregaten zusammengesetzter Körper im Gestein.

Kontaktmetamorphose: Gesteinsumwandlung, die durch Berührung mit aufsteigendem Magma hervorgerufen worden ist.

Korngrößen: Größenangabe klastischer Gesteine: Ton (Korngrößendurchmesser weniger als 0,002 mm), Schluff (0,002 bis 0,063 mm), Sand (0,063 bis 2 mm) und Steine (über 2 mm).

Korrasion: die abschleifende Wirkung bewegter fester Stoffe auf anstehendes Gestein; sie erfolgt einerseits in Flußbetten durch das Transportmaterial, andererseits in Trockengebieten durch den sandführenden Wind (Windschliff).

Korrosion: Zersetzung von Gesteinen durch die chemische Wirkung des Wassers und der in ihm gelösten Säuren, Basen und Salze. Besonders die Karsterscheinungen sind Ergebnisse von Korrosionsvorgängen.

Krater: die trichter-, kessel- oder schachtförmige Öffnung eines Vulkanschlotes.

Kreide: jüngstes System des Mesozoikums.

Abteilung	Stufe	
Oberkreide	Maastricht Campan	Senon
	Santon Coniac	Emscher
	Turon	
	Cenoman	
Unterkreide	Alb	Gault
	Apt Barrem Hauteriv Valang	Neokom
	Berrias	

Kreide: feinkörniges, weiches Kalksediment.

kristalline Gesteine: Gesteine, deren Gemengteile aus Kristallen bestehen.

Lagerstätten: alle nutzbaren Anreicherungen natürlicher Mineral-, Kohlen-,

Erdöl- und Erdgasvorkommen in der Erdkruste; ↑auch Erzlagerstätten.

Lapilli: vulkanische Auswürflinge mit Durchmesser von 2 bis 20 mm.

Lava: das bei Vulkanausbrüchen aus Schloten und Spalten an die Erdoberfläche austretende heiße Magma; auch Bezeichnung für die daraus durch Erstarrung entstandene Gesteinsmasse. Die Erstarrungsformen sind von Temperatur, Viskosität und Gasgehalt der Gesteinsschmelze abhängig.

Leitfossilien: fossile Tier- und Pflanzenarten (Fossilien), die für eine bestimmte stratigraphische Einheit, also eine Schicht oder Schichtenfolge mit gleichem geologischen Alter charakteristisch sind.

Liegendes: die unter dem ↑Hangenden liegende Gesteinsschicht.

Löß: ein aus Trocken- oder Kältewüsten ausgewehtes Staubsediment mit hohem Kalkgehalt; Hauptbestandteile sind Quarzkörnchen; in Mitteleuropa v. a. ein pleistozänes Sediment.

Mäander: Flußschlingen; *freie Mäander* entstehen durch Hin- und Herpendeln eines Flusses in einer Talaue, *eingesenkte Mäander* durch die Tiefenerosion eines Flusses im Gesteinsgrund.

Magma: glühend-flüssige, überwiegend silikatische Schmelze der Erdtiefe. Man unterscheidet die sich an oder nahe der Erdoberfläche auswirkenden Erscheinungen des ↑Vulkanismus von den sich in größerer Tiefe abspielenden Vorgängen des ↑Plutonismus.

magmatische Gesteine (Magmatite, Erstarrungsgesteine): die durch Erstarrung von Magma entstandenen Gesteine. Nach der Entstehung unterscheidet man *Gläser* (z. B. Obsidian), *Ergußgesteine* oder Vulkanite (z. B. Basalt), *Tiefengesteine* oder Plutonite (z. B. Granit) und die zwischen diesen beiden vermittelnden *Ganggesteine.*

Marmor: grobkörniger, kristalliner Kalkstein, der durch Metamorphose aus sedimentärem Kalkgestein entstanden ist.

Melilith: braunes, gelbes oder graues, fettglänzendes Mineral; kommt v. a. in jungen basischen vulkanischen Gesteinen vor.

Mergel: Schichtgesteine, die hauptsächlich aus Ton und Kalk bestehen.

Mesozoikum (Erdmittelalter): ↑Geologische Zeittafel.

metamorphe Gesteine: die durch ↑Metamorphose entstandenen Gesteine; *Orthogesteine* entstammen magmatischen Gesteinen, *Paragesteine* Sedimentgesteinen. Beispiele: Quarzite, Marmor, Schiefer, Gneise.

Metamorphose: die Umwandlung und Umformung eines Gesteins in ein anderes durch Änderung der Druck- und insbesondere der Temperaturbedingungen. Neben mechanischen und Gefügeveränderungen finden auch chemische Veränderungen statt. Bei Kontakt mit schmelzflüssigem Magma spricht man von *Kontaktmetamorphose,* bei Versenkung ganzer Krustenareale von *Regionalmetamorphose.* Eine nur leichte Gesteinsveränderung wird als *Diagenese* bezeichnet, eine Umformung bis an die Grenze der Aufschmelzung als *Ultrametamorphose.*

Minerale: bezüglich seiner physikalischen und chemischen Beschaffenheit stofflich einheitlicher natürlicher Bestandteil der Gesteine.

Mineralquellen: Quellen, deren Wässer je Kilogramm mindestens 1000 mg gelöste Stoffe oder andere genau festgelegte Mengen von Spurenelementen oder Kohlensäure enthalten.

Miozän: Abteilung des Tertiärs, ↑Geologische Zeittafel.

montane Stufe: eine Höhenstufe der Vegetation in den Gebirgen der mittleren Breiten; liegt zwischen colliner und alpiner Stufe.

Moor: dauernd durchfeuchtetes Gelände, welches aus unvollständig zersetzten Pflanzenresten (Torf) und einer durch Wassertümpel unterbrochenen Pflanzendecke besteht. Auf Grund der Entstehung unterscheidet man Niedermoore, Hochmoore und als Zwischenstufe Übergangsmoore; alle drei sind auch in ihrem Pflanzenbestand verschieden.

Ein *Niedermoor* (Flachmoor) entsteht durch die Verlandung von Seen. Absterbende Pflanzen und Tiere lagern sich am Seegrund ab und bilden Faulschlamm.

Mit der Zeit lagern sich immer mehr abgestorbene Pflanzen ab, dadurch wird der Boden immer höher und trockener, er wächst über den Grundwasserspiegel hinaus. Es entsteht ein *Übergangsmoor* (Zwischenmoor). Bei fortschreitender Moorbildung trocknen die Abschnitte zum ehemaligen Seerand hin stärker aus als die zentralen Gebiete, so daß letztere schneller wachsen. Dadurch kommt es zur uhrglasförmigen Wölbung des somit enstandenen *Hochmoores.*

Moräne: das von Gletschern mitgeführte und abgelagerte Gesteinsmaterial.

Muschelkalk: mittlere Abteilung der germanischen Trias, ↑Geologische Zeittafel.

Naturschutz: Gesamtheit der Maßnahmen zur Erhaltung und Pflege von Natur- oder naturnahen Kulturlandschaften und Naturdenkmälern (Einzelobjekte). Er erstreckt sich auch auf den Schutz bestimmter Arten von Pflanzen und Tieren. In der Bundesrepublik Deutschland wird der Naturschutz durch das Naturschutzgesetz von 1976 geregelt. Er ist Aufgabe der Länder. Dabei wird z. B. auch bei nicht geschützten Pflanzen das Zerstören ihrer Bestände verboten.

Nach Umfang des Schutzes unterscheidet man: 1) *Vollnaturschutzgebiete:* Eingriffe und Nutzungen sind nur zur Erhaltung des natürlichen Zustandes erlaubt, das Betreten ist verboten (Banngebiete). 2) *Teilnaturschutzgebiete:* Gebiete mit speziellen Schutzzielen und den dazu notwendigen Nutzungsbeschränkungen, hierzu gehören auch Pflanzenschutzgebiete und Tierschutzgebiete (z. B. die Vogelschutzgebiete). 3) *Landschaftsschutzgebiete:* naturnahe Flächen, die zur Erhaltung ihrer ökologischen Vielfalt sowie eines ausgeglichenen Naturhaushaltes und ihres Erholungswertes gegen Veränderungen (also gegen Abholzung, Aufforstung, Überbauung, Industrialisierung) geschützt werden.

Nephelin: Feldspatvertreter; häufig in Basalten.

Niederterrasse: ehemaliges Flußbett, das während der letzten Eiszeit benutzt wurde.

Nunatak: aus dem Inlandeis herausragender Felsen oder Berggipfel.

Ökologie: Lehre von den Wechselbeziehungen zwischen Lebewesen und ihrer Umwelt. Die Gesamtheit dieser Wechselwirkungen wird als *Ökosystem* bezeichnet.

Oligozän: mittlere Abteilung des Tertiärs, ↑Geologische Zeittafel.

Olivine: Gruppe gesteinsbildender Minerale.

Oolith (Erbsenstein): aus kugeligen verkitteten Mineralkörnern gebildetes Sedimentgestein.

Ordovizium: System des Paläozoikums, ↑Geologische Zeittafel.

Orogenese: ↑Gebirgsbildung.

Paläontologie: umfaßt die Wissenschaftszweige, die sich mit der Untersuchung der vorzeitlichen Tier- und Pflanzenwelt beschäftigen.

Paläozän: älteste Abteilung des Tertiärs, ↑Geologische Zeittafel.

Paläozoikum (Erdaltertum): geologische Ära, ↑Geologische Zeittafel.

Parklandschaft: Mosaik verschiedener Vegetationseinheiten mit Wechsel von Baumgruppen und offenen Grasflächen; oft vom Menschen beeinflußt.

Perm: jüngstes System des Paläozoikums, ↑Geologische Zeittafel.

Petrographie: Gesteinskunde:

Phonolith (Klingstein): meist grünlichgraues Ergußgestein; ertönt beim Anschlagen.

Pinge: kleine, durch bergmännische Tätigkeit verursachte Bodenvertiefung.

Plagioklas: gesteinsbildendes Mineral aus der Feldspatgruppe.

Pläner: Bezeichnung für Sedimentpakete aus dünnbankigen Kalken, Mergeln und weicheren Sandsteinen der Oberkreide; sie erzeugen morphologisch flache (plane) Gehängeformen.

Pleistozän: Abteilung des Quartärs.

Pliozän: jüngste Abteilung des Tertiärs, ↑Geologische Zeittafel.

Plutonismus: Entstehung, Veränderung, Wanderung und Platznahme natürlicher Gesteinsschmelzen innerhalb der Erdkruste; die erstarrten Gesteine nennt man *Tiefengesteine* oder Plutonite, die großen Tiefengesteinskörper in der Erdkruste *Plutone.*

Podsol: Bodentyp des kühlgemäßigten, humiden bis stark humiden Klimabereichs; wegen intensiver Verwitterungs-, Auswaschungs- und Verlagerungsvorgänge ist er stark sauer und nährstoffarm.

Pollenanalyse: statistische Untersuchungsmethode der in Gesteinen auffindbaren Blütenpollen zur Rekonstruktion der Pflanzengemeinschaft und damit auch des Klimas des betreffenden geologischen Zeitraumes.

Porphyre: magmatische Gesteine mit porphyrischem Gefüge, d. h. mit einzelnen größeren Kristallen als Einsprenglingen in einer dichten Grundmasse.

Postglazial: Nacheiszeit.

Präkambrium: Bezeichnung für den gesamten Zeitraum vor dem Kambrium, ↑Geologische Zeittafel.

Prallhang: das steile, an der Außenseite einer Flußkrümmung liegende Ufer; wird durch die abtragende Tätigkeit des Wassers steil gehalten.

Profil: zeichnerische Wiedergabe eines senkrechten Schnitts durch einen Erdkrustenteil.

Pyrit (Schwefelkies): häufiges Mineral in Erzlagerstätten.

Quartär: jüngstes System des Känozoikums, ↑Geologische Zeittafel.

Quarze: Gruppe wichtiger gesteinsbildender Minerale; liegt stets in kristallisierter Form vor.

Quarzporphyr: jungpaläozoisches Ergußgestein, oft rötlich gefärbt; tritt im Rotliegend auf; ↑auch Rhyolith.

Quelle: örtlich begrenzter natürlicher Grundwasseraustritt.

Quelltopf: bei Karstquellen wegen der starken Wasserschüttung oft seenartig erweiterter Quellaustritt.

Ranker: flachgründiger Bodentyp auf festen oder lockeren, kalkarmen oder -freien, silikatischen Geteinen; er stellt nur eine geringe Weiterentwicklung des Rohbodens dar.

Rät (Rhät): jüngste Stufe der germanischen Trias.

Reliefenergie: der innerhalb einer bestimmten Flächeneinheit vorhandene Höhenunterschied, der das Maß der Abtragung mitbestimmt.

Reliefumkehr: durch Abtragung unterschiedlich widerständiger Gesteine hervorgerufene Umwandlung tektonischer Formen, z. B. morphologischer Erhebungen in geologische Mulden.

rezent: Bezeichnung für Lebewesen oder Vorgänge der Gegenwart (Gegensatz: fossil).

Rhyolith (Liparit): junges Ergußgestein; entspricht in der Zusammensetzung dem Quarzporphyr.

Ried: durchfeuchtetes Gebiet, das häufig in ein Flachmoor übergeht. In Süddeutschland auch Bezeichnung für ein Moor.

Riedel: schmaler, niedriger Landrücken zwischen zwei Tälern.

Riff: Untiefe mit meist steilen Hängen aus Felsgestein oder v. a. aus Ablagerungen koloniebildender Organismen (Korallen, Schwämme, Algen usw.). Die Ablagerungen werden meist als Kalk abgeschieden und zu Kalkstein verfestigt *(Riffkalk)*.

Rift: langgestreckte tektonisch bedingte Einsenkung der Erdkruste, meist mit vulkanischer und seismischer Aktivität verbunden.

Röt: Bezeichnung für den Oberen Buntsandstein, Trias; benannt nach der roten Farbe.

Rotlehmverwitterung: bei intensiver chemischer Verwitterung in tropischem bis subtropischem Klima bildet sich auf Silikatgesteinen ein durch Eisenoxide braunrot bis rot gefärbter Boden; tritt in Mitteleuropa als fossiler Boden oder Reliktboden auf.

Rotliegend: ältere Abteilung des Perm, ↑Geologische Zeittafel.

rückschreitende Erosion: Rückverlegung von Gefällstufen talaufwärts; dabei kann es zur Anzapfung benachbarter Flußsysteme kommen.

Rutschstriemen: svw. ↑Harnisch.

Saale-Eiszeit: Eiszeit des ↑Pleistozän.

Sandstein: Sedimentgestein, das größtenteils aus Quarzkörnern besteht, die durch ein toniges, kieseliges oder eisenhaltiges Bindemittel verkittet sind.

Sanduhr: Verwitterungsform im Sandstein; ähnlich wie bei der ↑Wabenverwitterung.

Schicht: ein durch Ablagerung entstandener plattiger Gesteinskörper von flächenhafter Ausdehnung. Einzelne Schichten werden durch *Schichtfugen* voneinander getrennt. Die obere und untere Begrenzung heißt *Schichtfläche.*
Schichtstufe: Geländestufe, die hervorgerufen wird durch Abtragungsvorgänge an Gesteinsverbänden unterschiedlicher Widerstandsfähigkeit in flach geneigten Schichtverbänden. Harte Gesteinsschichten werden als Stufe herausmodelliert, weiche werden ausgeräumt. Das Ergebnis kann eine ganze *Schichtstufenlandschaft* sein.
Schiefer: ein durch Schieferung (durch tektonische Vorgänge und Metamorphose bewirktes Gesteinsgefüge) entstandenes, in dünnen, ebenen Platten brechendes Gestein.
Schildvulkan: flacher, schildförmiger Vulkan, der durch gleichmäßiges Ausfließen dünnflüssiger Lavamassen entstanden ist.
Schlacke: unregelmäßig geformte, poröse Lavabrocken.
Schlenken: Vertiefung in der Oberfläche von Hochmooren, in denen sich Wasser sammelt.
Schlipf (Erdschlipf): kleiner Erdrutsch, ↑Bergrutsch.
Schlot: Aufstiegskanal vulkanischer Produkte:
Schlucht: tief eingeschnittenes Erosionstal; im Elbsandsteingebirge spricht man von Schlüchten.
Schluff: feines, sedimentäres Lockergestein, feiner als Sand.
Schratten: ↑Karren.
Schüsselform: Verwitterungsform im Sandstein.
Schwefelflechte (Lepracia chlorina): eine Symbiose von Fadenpilzen und kleinen Algen; die Pilze haben die Funktion, aus dem porenreichen Sandstein Feuchtigkeit und Nährsalze aufzunehmen, und die Algen bauen unter Ausnutzung des Sonnenlichtes unter anderem aus Kohlensäure und Wasser die lebensnotwendigen Kohlehydrate auf; durch diese Lebensgemeinschaft vermögen sich die Flechten auch an solchen Standorten niederzulassen, an denen andere Pflanzen sich nicht mehr ansiedeln können; der Name rührt von der kräftig gelb leuchtenden Farbe her, die eine komplizierte und sehr lichtbeständige organische Verbindung darstellt, die bei dem Stoffumsatz erzeugt wird; Schwefel ist in der Flechte nicht enthalten.
Schwemmkegel (Schwemmfächer): fächerartige Ablagerungen eines Flusses, der in ein Sammelbecken (größerer Fluß, See, Meer usw.) einmündet.
Schwingrasen: auf der Oberfläche verlandender Gewässer gebildete Vegetationsdecke hauptsächlich aus Torfmoosen.
Sedimentation: Vorgang des Abscheidens oder des Absatzes von festen Stoffen, den sog. Sedimenten oder Ablagerungen.
Sedimentgesteine (Schichtgesteine): durch Verfestigung aus Sedimenten hervorgegangene Gesteine; *klastische Sedimente* bestehen aus mechanisch zertrümmerten Gesteinsbruchstücken verschiedener Korngröße, *chemische Sedimente* entstehen durch Ausfällung gelöster Bestandteile aus Lösungen, *biogene Sedimente* bilden sich unter wesentlicher Beteiligung tierischer oder pflanzlicher Organismen.
Seifen: natürliche abbauwürdige Lagerstätten von spezifisch schweren und bzw. oder schwer verwitternden Mineralen; wird das diese Minerale enthaltende, leichter verwitternde Gestein ausgespült, reichern sich die Minerale zu Seifen an.
Silikate: die wichtigsten gesteinsbildenden Minerale der Erde; zu ihnen gehören Quarz, Feldspäte und Glimmer.
Silur: System des Paläozoikums, ↑Geologische Zeittafel.
Sinter: mineralische Ausscheidung auf fließendem Wasser; entsteht durch Geschwindigkeits- oder Temperaturänderung oder durch Entweichen von CO_2 und bildet Überzüge *(Sinterkrusten),* Wälle und Terrassen *(Sinterterrassen).* Am häufigsten sind ↑Kalksinter und Kieselsinter.
Solitfluktion: ↑Bodenfließen.
Spalte: klaffende Fuge im Gestein.
Spaltenfrost: Bezeichnung für die mechanische Sprengwirkung des Wassers in

Gesteinsfugen, die durch die Volumenvergrößerung beim Gefrieren des Wassers hervorgerufen wird.

Sporn: zwischen zwei zusammenlaufenden Tälern liegender Bergvorsprung.

Sprunghöhe: das vertikale Ausmaß einer ↑Verwerfung.

Staffelbruch: Verwerfungssystem, bei dem die einzelnen Gesteinsschollen treppenartig abgestuft sind.

Stalagmiten: vom Höhlenboden emporwachsende Tropfsteine.

Stalaktiten: von der Höhlendecke herabwachsende Tropfsteine.

Staugley: Bodentyp, der auf dichtgelagertem, feinerdereichem Mineral oder über einer undurchlässigen Zone entsteht; gekennzeichnet durch einen Wechsel von Staunässe und Austrocknung.

Steppenheide: strauch- und baumarme Fels- und Trockenrasengesellschaft meist flachgründiger, kalkreicher Standorte in warmen und trockenen Landschaften Mitteleuropas.

Störung: Trennfuge, an der eine Verstellung zweier Gesteinsschollen stattgefunden hat; gestörte Lagerungsform.

Stratigraphie: Teilgebiet der Geologie, das sich mit der räumlichen und zeitlichen Aufeinanderfolge von Gesteinsschichten, ihrem Fossilinhalt und dem Geteinsmaterial beschäftigt.

Stratovulkan: kegelförmiger Zentralvulkan.

Streichen und Fallen: Lage einer oder mehrerer geologischer Flächen im Raum.

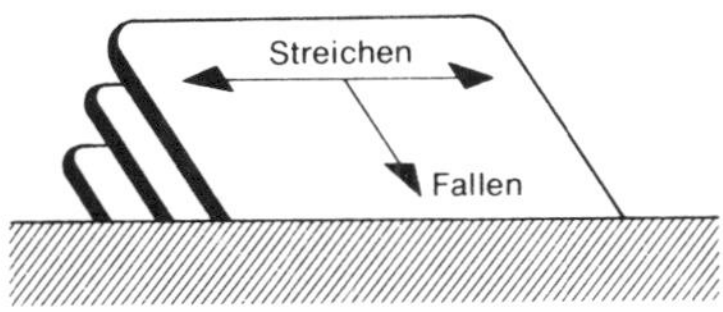

Strudelloch: ↑Kolk 1).

subalpin: Übergangsstufe innerhalb der Höhenstufen der Vegetation in den Gebirgen der mittlerten Breiten; zwischen montan und alpin.

subglazial: Vorgänge oder Erscheinungen unter einer Eisschicht.

submontan: Vegetationsstufe zwischen ↑collin und ↑montan.

Synklinale (Synkline): Mulde einer geologischen Falte.

System (früher Formation): Bezeichnung für einen stratigraphischen Zeitabschnitt, ↑auch Geologische Zeittafel.

Tektogenese: Bildung von größeren Abschnitten der Erdkruste, die von tektonischen Bewegungen einheitlich geprägt worden ist.

Tektonik: Teilgebiet der Geologie, das sich mit dem Aufbau der Erdkruste und den Bewegungen und Kräften, die diesen erzeugt haben, beschäftigt.

Terrasse: durch Einschneiden eines Flusses in die Untergrundgesteine *(Erosionsterrasse)* oder durch seine eigenen Ablagerungen *(Schotterterrasse)* entstandene Talstufe. *Seeterrassen* entstehen durch ein späteres Absinken des Seespiegels, Strandterrassen durch die Brandungstätigkeit.

Tertiär: älteres System des Känozoikums, ↑Geologische Zeittafel.

Tethys: das seit dem Ende des Paläozoikums verfolgbare zentrale Mittelmeer, aus dem auch die alpidischen Gebirge aufgefaltet wurden.

Teufe: bergmännische Bezeichnung für Tiefe.

Thermen: Quellen, deren Wassertemperatur zwischen 20 und 50 °C liegt.

Tiefengesteine (Plutonite): magmatische Gesteine, die durch Erstarren von Magma in der Erdkruste entstanden sind.

Tobel: steilwandiges, schluchtartiges, meist kurzes Kerbtal.

Tone (Tongesteine): feinkörnige, klastische Lockergesteine, die hauptsächlich aus bei der Verwitterung neu gebildeten Tonmineralen bestehen.

Torf: aus abgestorbenen Moorpflanzen gebildete, nach Wasserentzug brennbare Ablagerung.

Transgression: das Vordringen eines Meeres über größere Gebiete eines Festlandes; verursacht durch Senkung des Landes oder Hebung des Meeresspiegels.

Trauf: die Oberkante der Stirn einer Schichtstufe.

Travertin: verfestigter ↑Kalksinter.

Trias: ältestes System des Mesozoikums, ↑Geologische Zeittafel.
Trockenrasen: Pflanzenformation der ↑Steppenheide.
Trockental: Tal, das nur zeitweise oder überhaupt kein Wasser mehr führt. Typische Erscheinung in Karst- oder Trockengebieten; auch bei Anzapfung, Klimaänderung oder Bildung von Umlaufbergen.
Trogtal (U-Tal): ein von Gletschern überformtes Tal, wobei das ursprüngliche Tal verbreitert und vertieft wurde; Nebentäler münden als ↑Hängetäler mit einer Stufe ins Haupttal.
Tropfsteine: meist zapfenförmige Gebilde (↑Sinter) in Karsthöhlen.
Trümmergesteine (klastische Gesteine): Sedimentgesteine, die aus den Bruchstükken älterer Gesteine gebildet worden sind.
Tuff: nachträglich verfestigte vulkanische Lockermassen.
Turon: Stufe der ↑Kreide.
Ultrametamorphose: extremster Fall einer Metamorphose (Gesteinsumwandlung) mit teilweiser oder gänzlicher Aufschmelzung der Gesteine.
Umlaufberg: eine von der Flußerosion übriggelassene Bodenerhebung inmitten eines Tales, die aus dem Sporn eines ehemaligen Talmäanders durch Durchbrechen des Spornhalses entstanden ist.
U-Tal: ↑Trogtal.
Verlandung: allmähliches Austrocknen von Gewässern durch die Ablagerung von Pflanzenresten und anorganischem Material sowie durch Ansiedlung von Pflanzen.
Verwerfung (Bruch, Störung): die relative Verschiebung zweier Gesteinsschollen längs eines Bruchs. Dehnung erzeugt *Abschiebung* und *Sprünge*, Pressung *Aufschiebung, Überschiebung* (mit flacher Verwerfungsfläche) und *Wechsel*. Der Schichtneigung entgegengesetzt einfallende Verwerfungen sind antithetisch, in gleicher Richtung einfallende synthetisch.
Verwitterung: der durch die Einwirkung physikalisch-mechanischer, chemischer und biologischer Einflüsse bewirkte Zerfall von Gesteinen und Mineralen an oder nahe der Erdoberfläche. Art und Intensität der Verwitterung sind von Gestein und Klima abhängig. Sie ist Voraussetzung für die Bildung von Sedimentgesteinen und die Bodenbildung.
V-Tal: ↑Kerbtal.
Vulkan: an der Erdoberfläche durch Ausfließen oder Auswerfen vulkanischer Produkte entstehende Bauform.
Vulkanismus: alle geologischen Vorgänge, die mit dem Austritt fester, flüssiger oder gasförmiger Stoffe aus dem Erdinnern an die Oberfläche in Zusammenhang stehen. Vulkanische Tätigkeiten treten vorwiegend in tektonischen Schwächezonen (z.B. Verwerfungen) oder ortsstabilen Aufschmelzungszonen im Erdmantel (hot spots) auf.
Vulkanite: ↑Ergußgesteine.
Wabenverwitterung: wabenförmige Verwitterungserscheinung an Sandsteinen; beruht auf der Herauspräparierung von verhärteten Sickerwasserbahnen innerhalb ausgelaugter, des Bindemittels beraubter Gesteinszonen.
Waldstufeninversion: ↑Abb. S. 83
Warmzeit: ↑Interglazial.
Wasserfall: senkrechter Absturz eines Flusses über eine Stufe aus morphologisch hartem Gestein.
Wasserscheide: Trennungslinie zwischen den Einzugsgebieten von zwei Flußsystemen, man unterscheidet zwischen oberirdischen oder Kammwasserscheiden und unterirdischen oder Grundwasserscheiden (z.B. bei Anzapfung und in Karstgebieten).
Weichsel-Eiszeit: Eiszeit des ↑Pleistozän.
Windschliff: Korrasion.
Wollsackverwitterung: Verwitterungsform bei grobkörnigen Massengesteinen, v.a. Granit. Dabei entstehen durch entlang von Quer- und Längsklüften erfolgende Verwitterung schwach gerundete kissenartige Blöcke (Wollsäcke).
Zechstein: jüngere Abteilung des Perm, ↑Geologische Zeittafel.
Zeugenberg: isoliert vor dem Rand einer Schichtstufe stehender Berg, der aus denselben Gesteinsschichten besteht wie diese; ↑auch Auslieger.
Zwischeneiszeit: ↑Interglazial.

Empfehlenswerte Museen

(mit landes- und naturkundlichen Beständen)

Bad Schandau	Heimatmuseum Badallee 10, O-8320 Bad Schandau 5. Mai bis Oktober Di bis Fr 9–12 Uhr, 14–17 Uhr, Sa, So 9–12 Uhr, 6. Januar bis 4. Mai und November bis 30. Dezember Di 9–12 Uhr, 14–17 Uhr und nach Vereinbarung
Dresden	Staatliches Museum für Mineralogie und Geologie zu Dresden Augustusstr. 2, O-8010 Dresden April bis September täglich 9–12 Uhr, 13–16 Uhr, Oktober bis März Mi bis So 9–12 Uhr, 13–16 Uhr
Hohnstein	Museum der Jugendburg O-8352 Hohnstein täglich 8–17 Uhr
Königstein	Museum Festung Königstein O-8305 Königstein täglich 9.30–17 Uhr; Ausstellung in den Zeughäusern Mai bis Oktober täglich 9.30–17 Uhr
Meißen	Stadt- und Kreismuseum Rathenauplatz 3, O-8250 Meißen Mo bis Do 10–12.30 Uhr, 13–17 Uhr, Sa, So 9–17 Uhr
Radeberg	Heimatmuseum im Schloß Klippenstein Schloßstr. 6, O-8142 Radeberg Di bis So 9–12 Uhr, 14–17 Uhr und nach Vereinbarung
Stolpen	Museum Burg Stolpen Schloßstr. 10, O-8350 Stolpen März, April, Oktober, November Di bis So 9–16 Uhr, Mai bis September täglich 9–17 Uhr

Literaturauswahl

Barthel, H.: Zur geomorphologischen Dynamik der stillgelegten Sandsteinbrüche im Elbtal der Sächsischen Schweiz. In: Berichte des Arbeitskreises Sächsische Schweiz. Bd. II. Pirna 1965.

Beeger, D./Quellmalz, W.: Geologischer Führer durch die Umgebung von Dresden. Dresden/Leipzig 1965.

Berichte des Arbeitskreises Sächsische Schweiz. Bde. I–VII. Pirna 1963–1991.

Böhme, H.: Wanderungen im Elbsandsteingebirge. München 1991.

Gebiet Königstein Sächsische Schweiz. Werte unserer Heimat. Bd. 1 (neubearbeitet von D. Beeger). Berlin 1985.

Heynert, H.: Zwischen Ostsee und Erzgebirge. Landschaften unserer Heimat und ihre Pflanzen. Leipzig 1981.

Im Süden der Barbarine. Werte der deutschen Heimat. Bd. 2. Berlin 1960.

Krause, R.: Die faunistisch-ökologischen Untersuchungen des Staatlichen Museums für Tierkunde Dresden in der Sächsischen Schweiz und ihr landschaftsökologischer Aspekt. In: Sächsische Heimatblätter, Jg. 28. Dresden 1982.

Lamprecht, Fr.: Die Schichtlagerung des Turons im sächsisch-böhmischen Elbsandsteingebirge. In: Ber. d. Math.-Physik. Klasse d. Sächs. Akad. d. Wissenschaften zu Leipzig. 86 Jg. Leipzig 1934.

Lamprecht, Fr.: Gesteins- und flußbedingte Großformen des Elbsandsteingebirges. In: Mitt. d. Vereins f. Erdkunde Dresden. Jg. 1934/35. Dresden 1935.

Meiche, A.: Historisch-Topographische Beschreibung der Amtshauptmannschaft Pirna. Dresden 1927.

Mibus, P.: Beitrag zur Kenntnis der Geologie des Elbsandsteingebirges. Abh. d. Staatl. Museums Mineral. Geol. Dresden 22. Dresden 1975.

Pietzsch, K.: Geologie von Sachsen. Berlin 1962.

Pirna und seine Umgebung. Werte der deutschen Heimat. Bd. 9. Berlin ^{2}1966.

Prescher, H.: Geologie des Elbsandsteingebirges. Dresden 1959.

Rast, H.: Beziehungen zwischen Tektonik und Basalten im Elbsandsteingebirge. In: Geologie 15. Berlin 1966.

Rast, H.: Geologischer Führer durch das Elbsandsteingebirge. Berlin 1959.

Rast, H.: Zur Geologie der Basalte im Elbsandsteingebirge. In: Geologie und Geophysik NF 3. Leipzig 1962.

Tourist Wanderatlas Sächsische Schweiz. Berlin/Leipzig 1978.

Um Gottleuba, Berggießhübel und Liebstadt. Werte der deutschen Heimat. Bd. 4. Berlin 1961.

Wagenbreth, O./Steiner, W.: Geologische Steifzüge. Landschaft und Erdgeschichte zwischen Kap Arkona und Fichtelberg. Leipzig ^{4}1990.

Zeugnisse der Erdgeschichte Sachsens. Hg. von H. Prescher. Leipzig 1987.

Zwischen Sebnitz, Hinterhermsdorf und den Zschirnsteinen. Werte der deutschen Heimat. Bd. 2. Berlin ^{2}1965.

Register

R

S

T

U

V

W

Z

NOTIZEN

NOTIZEN

NOTIZEN

NOTIZEN

NOTIZEN

NOTIZEN

NOTIZEN